商店街はなぜ滅びるのか

社会・政治・経済史から探る再生の道

新雅史

光文社新書

目次

序　章　商店街の可能性

東日本大震災が発生して以来、多くの友人が支援活動に従事していることもあって、東北の沿岸部を何度か訪れた。そのなかでも多く訪れたのが宮城県石巻市である。

石巻市は、旧北上川の河口付近に、古い市街地がひろがっている。このたびの震災では、旧北上川沿いに津波がせりあがったため、河口付近の商店街が壊滅的な打撃を受けた。

商店街のアーケードは大きくひしゃげて、多くの建物が全半壊した。建物の中も、土砂と瓦礫《がれき》で、手のつけようのない状態となった。

だが、死に瀕したように見えた商店街に、ふたたび命が吹き込まれつつある。

震災から四ヶ月ほどで、ボランティアと地域住民の尽力によって、道路や側溝の瓦礫がほとんど取り除かれた。また、街灯にはＬＥＤが取りつけられ、街に光が戻った。

この段階では、多くの店は閉店したままだった。だが、泥水と瓦礫だらけだった状況から、短期間で、よくぞここまでたどり着いたものだと思った。

そのいっぽうで、対照的な風景が宮城県多賀城《たがじよう》市にあった。

多賀城の駅前地区は、津波の被害をほとんど受けていないが、駅から徒歩一〇分ほどの郊外型店舗――イオン、ヤマダ電機、マクドナルドなど――が津波で大きな被害を受けた。震災から三ヶ月たって再開したのはヤマダ電機などわずかであり、イオンの周辺には泥だらけのショッピングカートが放置されたままだった。

石巻と異なっていたのは、ショッピングモール地区にボランティアがほとんど見あたらなかったことだ。わたしが訪れたときにたまたまボランティアがいなかったことも当然考えられる。だが、当時の石巻の商店街地区で、日中ボランティアを見かけないことはおよそ考えられない。

おそらく、多賀城市のバイパス地区の復興は、ボランティアではなく、イオンやマクドナルドの企業従業員の力のみに頼らざるを得ないのだろう。

それに比べると、石巻の商店街には、外部の人を引き寄せる「余地」がある。商店街はたんなる商業集積地区ではない。津波の後も、商店街に住みつづける人たちがいて、家が流されてもそこに戻ろうとする人たちがいて、商売の再開を願っている人たちがいる。商店街は、商業地区であるだけでなく、人々の生活への意志があふれている場所である。だからこそ、商店街の復興に少しでも役に立とうとするボランティアが後を絶たないのだろう。

石巻の商店街では毎週のように復興のためのミーティングが開かれていた。その場に、東京・名古屋・大阪からボランティアに来た若者たちが積極的に参加していた。こうした商店街の会議に、外部の者が参加することはきわめて珍しいことであるし、おそらく彼ら自身、自分の育った地域の商店街とこれほど交流を持ったことはないはずだ。

ボランティアたちが出席できるのも、商店街の人たちが、将来に対する危機感を持っているからだ。商店街の建物がたとえ再建されたとしても、その街から人が消えてしまっては意味がない。だからこそ、商店街の外部からの意見を積極的に求めているわけだ。

そうした商店街の人たちの想いに応えるように、わたしの知り合いのボランティアは、一〇年後、二〇年後に石巻でボランティアの同窓会ができるように、ゲストハウスを商店街で開きたい、と夢を語る。また、すでに工務店を開く準備に取りかかっているボランティアもいる。

こうした状況は、災害時には略奪などの集団パニックが起きず、相互扶助的な共同体が立ち上がるという、レベッカ・ソルニットが言うところの「災害ユートピア」を意味するのか(*1)。いや、ショッピングモールが集積した地区では「ユートピア」は現出しないだろう。商店街という場だからこそ、本来出会うことのない雑多な人たちが交差する。だからこそ、災害時に商店街の「魅力」が現れたのではないだろうか。

商店街は、これまで零細な事業主が集まっている地区とされてきた。彼らは、経済的に非合理な存在だとされ、悪しき既得権の代表とされてきた。また、外部に対して閉鎖的な共同体と見なされてきた。

こうした批判はある部分で当たっているだろうが、東日本大震災以降の商店街の蘇生力を見せつけられると、今までの商店街批判は本質的でなかったと感じる。

これまでの商店街の議論は、わずかな事例で商店街をことさらに称揚したり、あるいは経済至上主義の立場から頭ごなしにそれを否定したりするものばかりだった。

しかし、そうした極端な議論は、かえって商店街の可能性と限界の双方を見失わせる結果となる。だから、わたしは、商店街がこの国にひろがったのはなぜか、そしてどのような過程で商店街が凋落《ちょうらく》したのか、こうした問題に正面から答えようと思った。その来歴を知ることで、商店街の成立と衰退を知りたかったのである。

なお、本書は、商店街の来歴を語るものであるが、通常の歴史記述とは大きく異なり、社会・政治・経済状況にも記述の対象をひろげて、そのなかで商店街の位置づけをおこなった。なぜなら、商店街という存在を、日本社会の変動から捉えたかったからである。商店街だけに対象を絞って論じることは一見、オーソドックスな手続きであるように見えるが、商店街の置かれた社会的位置を見失わせるし、ひいてはその可能性と限界がかえって見えなくなる。本書の主張は、商店街が伝統的なものではなく、日本の近代化の産物であるというものだが、商店街の成立と衰退の過程を、近代社会の政治・経済・社会変動の配置のもとで描き出す試みは管見のかぎり見当たらない。本書はそれを描き出す試みである。むろん、その試みが成功しているかどうかは読者の判断を待つほかない。

※本書では、引用文などの旧字や旧仮名遣いを現代表記に改めています。また、引用元にはないルビを適宜加えています。

（＊1）ソルニット，レベッカ、高月園子訳、二〇〇九＝二〇一〇、『災害ユートピア――なぜそのとき特別な共同体が立ち上がるのか』亜紀書房。

第1章　「両翼の安定」と商店街

1-1 「抜け道」のない日本社会

村上春樹は、作家活動をおこなう前、東京・国分寺市でジャズ喫茶を経営していた。ジャズ喫茶をオープンしたのは、早稲田大学文学部に在学していた一九七四（昭和四九）年のことだった。

村上春樹は当時のことを次のようにふりかえる。

（略）金はないけれど就職もしたくないなという人間にも、アイデア次第でなんとか自分で商売を始めることができる時代だったのだ。(*2)

彼がジャズ喫茶を出店する時、五〇〇万円を用意した。その内訳は、妻とふたりでアルバイトして貯めた二五〇万円、親からの借金の二五〇万円だった。

「その当時の国分寺では五百万あればわりに良い場所で二十坪くらいの広さの、結構感じの良い店を作ることができた(*3)」

多少の無理をすれば、夫婦で五〇〇〇万円をかきあつめることは、不可能なことではなかった。

しかし、村上春樹は、自分が出店したころから——オイルショックのころを転機としてということになるが——、自分と同じようなチャレンジをおこなうことが徐々に難しくなったという。土地・建設費が、猛烈な勢いで上昇してしまったからである。自分で事業を興せないとなると、就職したくない人は、いったいどうなるのか。

今、「金もないけど、就職もしたくない」という思いを抱いている若者たちはいったいどのような道を歩んでいるのだろうか？　かつて僕もそんな一員だっただけに、現在の閉塞した社会状況はとても心配である。抜け道の数が多ければ多いほどその社会は良い社会であると僕は思っている。(＊4)

この文章が書かれたのは一九八〇年代のはじめであり、今から三〇年ほどの年月が経っている。当時に比べると、地価は大きく下がったし、若者の起業支援も増えた。しかし、二一世紀の日本で、「抜け道」があると感じることができる人はどれだけいるだろう。

「抜け道」に関するデータがある。野村総合研究所の調査によれば、「一流企業に勤めるよりも、自分で事業をおこしたいか」との質問に対して、「そう思う」「どちらかといえばそう思う」と答えた人は計三五％にとどまり、一九九七（平成九）年の四九％から一四ポイント低下した。注目すべきは、世代別に見たときに、一〇代がもっとも起業意欲が低く出ていることである（『朝日新聞』二〇一〇年一月一七日）。

このデータを見ると、若者の起業意欲の低さが目についてしまう。しかし、ここで問題なのは、起業意欲そのものではない。それよりも、雇用以外の「抜け道」が欠けてしまっている状況、あるいは、「抜け道」があることが想像できない状況こそが問題なのである。

なぜ、そんなことになっているのか。自分で事業をおこなうことは、ソフトバンクの孫正義や元ライブドアの堀江貴文のような、人生を賭《と》して「ジャパニーズ・ドリーム」をつかもうとする、冒険的な行為として理解されるか、あるいは小さなショップの開店や就農が思い浮かんで、将来性や現実味の乏しいものとして理解されるか、そのどちらかになっているからではないか。

たとえば、新古典派の経済学者たちは、起業という「新しい自営業」が増えれば、将来の雇用拡大につながり、貧者へと富が行き渡るトリクルダウン効果を生むと主張した。

その一方で、「古い自営業」は淘汰《とうた》されるべき存在とも主張されてきた。これまでの自営業は、保守層と結びついた既得権益層であり、その権益を掘り崩さない限り、日本の生産性は高まらないというわけである。

このように、自分でビジネスをおこなうこと――つまり自営業者になること――は、「冒険性」と「保守性」という極端なイメージに切り裂かれている。だからこそ、自営という選択肢は、ほぼありえない選択と受け止められるのだろう。

昨今、若者たちのチャレンジ精神がなくなったという嘆きの声が多い。しかし、それはおよそ見当違いな解釈である。自分の身を顧みずに事業を興すことが「チャレンジ精神」ということではないはずだからだ。働くことで、どれだけ先の見通しがたつのか、また、それによって安定した暮らしが実現するのか、そうしたことを考えるのは当然である。だが、その肝心要《かなめ》のところが不透明であるからこそ、仕方なく「雇用の安定」を選んでいる。

ただ、雇用の流動化が進んでいるなかで、雇用に安定を求めることは、真綿で首を絞められているような苦しい選択であろう。しかし、それでもなお可能性を信じて、「雇用の安定」という稀少化するパイをめぐって必死の競争がおこなわれている。そして、限られたパイをめぐる競争が正規雇用と非正規雇用のあいだの線引きを強めて一層の不透明さをもたらしている。

むろん、そんなことは掃いて捨てるほど言及されているし、若者自身も十分にわかっている理屈だろう。だが、それでもなお「雇用の安定」以外のイメージを思い浮かべることができないのが現状である。


（＊2）村上春樹・安西水丸、一九八七、『村上朝日堂』新潮文庫、五六‐七頁。

（＊3）村上春樹・安西水丸、一九八七、『村上朝日堂』新潮文庫、五六頁。

（＊4）村上春樹・安西水丸、一九八七、『村上朝日堂』新潮文庫、五七頁。

1‐2 「雇用の安定」と「自営業の安定」

近年、「雇用の流動化」がよく取り上げられる。だからだろうか、かつて存在していた日本社会の安定は、「日本型雇用慣行」（長期雇用、新卒一括採用、年功賃金など）に支えられた「雇用の安定」からのみ捉えられてきた。

だが、こうした見方こそが大きな問題である。戦後日本社会の政治的・経済的安定は「雇用の安定」だけで実現したわけではなかった。戦後日本は、商店街の経営主をはじめとした、豊かな自営業によっても支えられていた。つまり、「自営業の安定」という、「雇用の安定」とは別の安定がしっかりと存在していたのである。とくに本書で注目したいのは都市型自営業の安定である。

この点をデータで確認しておこう。社会学者の稲上毅が言うには、高度成長のあいだ、商工サービス自営業者の階層帰属意識は高い水準にあった。ちなみに階層帰属意識とは、日本社会のどのあたりに位置するか、という意識のことである。その意識は、多くの場合、「上」「中の上」「中の下」「下の上」「下の下」という五つの尺度で測られる。

総理府（現在の内閣府）の「国民生活に関する世論調査」によれば、高度成長期の商工サービス自営業者は、専門技術職や事務職といったホワイトカラーと肩をならべて、階層帰属意識が高かった。また、高いのは、主観的な意識だけではなかった。都市自営業は、所得、資産保有も多かったという。

ただ、こうしたことを言うと、都市自営業者は既得権益層で、そこに新規参入できる者は少なかったのではないか、という反論が起きそうだ。だが、その反論には次のように答えておこう。じつは、こうした豊かな都市自営業者は、高度成長期に一貫して増加していた、と。

自営業者（農業を含む）の数は、一九六〇年代から八〇年代初頭まで九〇〇〇万人台後半で安定しているが、この時期、農業に携わる層が急速に減少していた。農業層が減少していたということは、都市自営業者が増加していたということである。一九六〇年代というと、一般的にはサラリーマンの増加と思われることが多いが、増えているのは雇用者だけではなかったのだ。(*5)

戦後社会は、よく総中流社会といわれる。しかし、それは「雇用の安定」だけで実現したわけではない。多くの者が自営業に参入し、その都市自営業者が「安定」していたからこそ、総中流社会がもたらされたのである。

だが、近年の格差社会の議論は、「雇用の安定」の是非ばかりを論じて、「自営業の安定」の是非について論じることがなかった。おそらく「自営業の安定」は、あえて議論するまでもないということなのだろうが、本当にそれは検討すべきことではないのか。

（＊5）稲上毅、二〇〇五、『ポスト工業化と企業社会』ミネルヴァ書房、五一 - 二頁。

＊規制をどのように考えるか

都市自営業者を考えるうえで、いつも問題となるのが規制である。「自営業の安定」といっても、所詮、規制や補助金で守られていただけではないか。いつも、そんな疑念が持たれる。

たしかに、行政による保護で自営業者が支えられていたことは否定できないし、その保護行政に多くの問題があったことも事実である。しかし、だからといって、過去の保護行政のすべてを誤りだったとするのも、短絡的な見方であるだろう。

わたしたちは、何らかの規範のなかで生きている。にもかかわらず、少なくない経済学者が、ルールのない状態を理念的に設定して、規制について批判をおこなう。こうした反規制という態度こそ、一種の信仰といえるだろう。

規制緩和が日本で進んだのは一九八〇年代以降のことである。そして、この時期の規制緩和の象徴が、小売業の距離制限やゾーニング（土地利用規制）の緩和だった。しかし、以上の規制緩和がおこなわれた結果、さまざまな問題が噴出することになった。

たとえば、近年問題になっているのが、「買い物難民」である。規制緩和によって、商店街を支えてきた酒屋、米穀店などの経営が苦しくなり、近隣地区にある商店の数が大きく減少した。その一方で増加したのが広大で均質なショッピングモールである。郊外にあるショッピングモールの増加は、商店街や小規模スーパーの崩壊を招いた。その結果、地域によっては、自動車がないと日常生活に必要な商品が手に入らない状況に苦しむ人々、すなわち「買い物難民」を発生させた。

また、ショッピングモールの増殖は、「自営業の安定」を崩壊させ、「雇用の流動化」——ショッピングモールで働く人の多くは非正規雇用である——を加速させた。その点で、小売業の規制緩和は、バブル崩壊以降の雇用流動化の象徴でもある。

*「自営業の安定」に対する誤解

こうして考えてみると、「自営業の安定」の崩壊——そのなかでも、都市自営業の象徴たる零細小売業の崩壊——が、バブル崩壊以降の社会に大きな影響を与えたことがわかる。だが、バブル崩壊は、これまで「雇用の安定」の崩壊と同義として見なされてきた。

なぜ、このような誤解が生まれたのか。その背景として、社会変動に対する認識不足がある。

社会科学では、中間層を「旧中間層」と「新中間層」とに分類する。旧中間層は土地を自己所有する豊かな自営業層、新中間層は豊かな雇用者層を意味する（図1）。この「旧」と

「新」という形容詞からわかるように、多くの社会科学者は、「旧《ふる》い」中間層の自営業が「新しい」中間層の雇用者層に置き換わる、と想定してきた。

しかし、この想定は誤っていた。「旧中間層」は、大きく農業層と都市自営業層とに分けることができるが、近代化は、農業層から雇用者層への移行だけでなく、都市自営業層への移行をも進めた。この都市自営業層を安定させたところに日本の近代化の大きな特徴がある。

商店街は、安定した都市自営業層の象徴であった。それだけでなく、地域社会の象徴ともなったわけである。

二〇〇九（平成二一）年に成立した民主党政権は、子ども手当の実施などにより、個々人に対する生活保障を手厚く配分している。しかし、そこで見失われつつあるのは、地域社会をいかに安定させるかという視点である。個人を支えることも重要であるが、その生活を支えるためにも、地域社会の基盤を整えることが

図1　多くの社会科学者の想定と異なり、「旧中間層」（農業層）から「旧中間層」（都市自営業層）への移行が進んだ

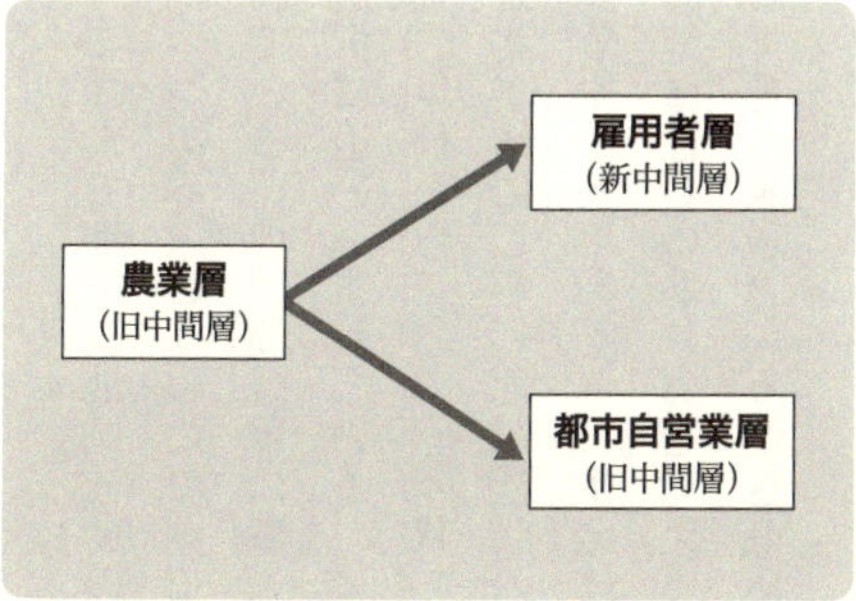

重要である。

だが、これまで都市の地域社会の核であった商店街は、自営業層の崩壊とともに、その機能を失いつつある。こうしたなかで各地域は、将来性ある産業の誘致を競う地域間競争に巻き込まれている。地域間競争に参入できない地域は、国から公共事業をいかにぶんどるか、という選択に追い込まれている。

一九九〇年代から二〇〇〇年代のあいだの日本を振り返ればわかるように、地域間競争にしろ、公共事業にしろ、地域社会の安定に貢献しているとは到底思えない。また、こうした地域間競争や公共事業が、日本全体の首を絞めていることも指摘せざるをえない。

今後の地域社会のあり方を考えるうえでも、豊かな都市自営業層がいかにして形成されたか、そしてその象徴というべき商店街がいかにして繁栄し凋落したかを検証する必要がある。

1-3　商店街は伝統的なのか

さらに一つ確認すべきことがある。それは商店街の来歴に対する誤解である。

商店街は、来歴が古く伝統的な存在であると見なされることが多い。後に指摘するように、商店街の研究者は平安京にその起源があると論じ、また各地の商店街も、競って自らの来歴の古さを誇ろうとする。あたかも、商店街の最大の売りが「古さ」や「伝統」であるかのようだ。

もし、商店街の存在理由が「古さ」に求められるならば、わずかな伝統的な商店街だけを文化財として保護すれば済む話であり、多くの商店街はその対象から外れるはずだ。だから、商店街の存在理由を「古さ」や「伝統」に求めるのは、自らの首を絞めるに等しいふるまいである。

くわしくは第2章で論じることになるが、商店街はまったく伝統的な存在ではない。現存する多くの商店街は二〇世紀になって人為的に創られたものだからである。

二〇世紀前半に生じた最大の社会変動は、農民層の減少と都市人口の急増だった。都市流入者の多くは、雇用層ではなく、「生業」と称される零細自営業に移り変わった。そのなかで多かったのが、資本をそれほど必要としない小売業であった。

当時の零細小売商は、貧相な店舗、屋台での商い、あるいは店舗がなく行商をする者が多かった。そのため、当時の日本社会は、零細規模の商売を営む人々を増やさないこと、そして、零細小売の人々を貧困化させないことが課題となった。こうした課題を克服するなかで生まれたのが「商店街」という理念であった。

要するに、二〇世紀初頭の都市化と流動化に対して、「よき地域」をつくりあげるための方策として、商店街は発明されたのである。

商店街はあくまで近代的なものである。それも、流動化という、現代とつながる社会現象への方策のなかで形成された人工物だったのだ。

こうして、戦後日本は、「日本型雇用慣行」による雇用者層と、商店街などの自営業層という「両翼の安定」によって支えられることになった。

しかし、「商店街」という理念や「自営業の安定」という考え方は、戦後の豊かさのなかで、忘れ去られてしまった。それどころか現在では、一部の経済学者を典型として、商店街を古めかしく、経済的に不合理なものと見なしている有様である。それは、商店街の来歴に対する大きな誤解と言わざるをえない。歴史的認識を欠いたままで、いくら商店街に関する政策を提言しても、その効果は見当違いに終わるだろう。

1-4　近代家族と商店街

ここまで「自営業の安定」という観点から、商店街の存立について再検討する必要があることを指摘してきたが、もうひとつのキーワードをここで設定したい。それは家族である。

これまでも、自営業を論じるとき、家族の問題が取りあげられてきた。そこで論じられてきたのは、自営業の多くが家族経営で維持されていることであり、雇用者家族と比べて「遅れ」があるということだった。しかし、自営業の家族経営は、決して「遅れ」ではなく、これまでの通念に反して、雇用者家族と同じく「近代家族」によって支えられていた。

社会学では、近代以降の家族を「近代家族」と呼んで、それ以前の家族と分別している。この近代家族によって担われたことが、商店街の凋落を決定づけた真の要因であるとわたしは考えている。

では、近代家族とは何か。社会学者の落合恵美子は近代家族の特徴を八点にまとめているが、(*6) ここで関係してくるのは「家族の集団性の強化」、「社交の衰退」、「非親族の排除」の三つの特徴である。

「家族の集団性の強化」、「社交の衰退」とは、家族が堅い殻のようになり、外部とのつながりを持たなくなることを示している。「非親族の排除」とは、家族集団が核家族に限定され、とくに非血縁者はそこから排除されることを指す。

これまで、近代家族の特徴は、雇用労働者の家族を前提として議論されてきた。しかし、それは自営業の世界でも例外ではなかった。そして、この近代家族の特徴が、商店街の存続を困難にしたのである。

この点を理解するために、前近代の商家のあり方を参照してみよう。

社会学者の中野卓が明らかにしたところでは、近世（江戸期）の商家は、家業経営であったものの、自分たちが営んでいる店を後世に残すという目的意識がきわめて強かった。だから、もし、跡取りがいなかったり、家族成員が跡目にふさわしくなければ、家族以外の人材を積極的に活用していた。

社会学では、親族集団の家族と区別するため、経営体としての擬似血縁組織を「イエ」と呼ぶ。親方‐子方から成る「イエ」、家元制度の「イエ」である。近世における商家は、典型的な「イエ」であった。すなわち、それは家長とその親族、そして住み込みの奉公人たちで成り立っていた。もし経営体の存続が危機になれば、「非親族的家成員」（中野卓）である奉公人が経営を引き継ぐことも決して珍しいことではなかった。(*7)

だが、近代の小売商は、「イエ」の規範ではなく、「近代家族」によって担われていた。つまり、二〇世紀以降の小売商は、近代家族の規範のもとで事業をおこなったために、近世の商家に比べてはるかに柔軟性のない組織となった。

わたしたちはこのことを「跡継ぎ問題」としてよく知っている。現代の小売商は、子どもが跡を継がないと、そのまま店をたたむケースがある。商店街は、地域に開かれている存在であるはずなのに、それぞれの店舗は「家族」という枠に閉じていたわけである。

くわしくは第４章で論じるが、一九八〇年代は、規制緩和だけでなく、跡継ぎ不足に悩まされる。零細小売商は、イエ原理ではなく近代家族のもとで経営をおこなっているため、規模が相当に大きくならないかぎり、家族成員以外の者を経営に参加させなかった。

こうした跡継ぎ問題は、小売商の将来性がないことに、理由があると思うかもしれない。しかし、それよりも、非親族を排除して事業をおこなうことの構造的な問題が、少子化などの人口構造的要因ともあわさって、一九八〇年代に急速に表面化した、と理解しておきたい。

ここで重要なのは、「商店街」という理念だけでなく、その構成要素である事業者も、近代的な存在であったことだ。次節で紹介するが、これまでの自営業は、家長である男性が女性や子どもの家族従業者を支配しているとして、その前近代性が批判されてきた。しかし、この解釈は、自営業家族の近代性を理解していない点で大きな問題があるし、商店街の繁栄と凋落を内在的に説明できない点で大きな欠陥がある。

これまでの議論を二つのポイントでまとめておこう。
①離農者を中間層化しようとする試みのなかで「商店街」という理念が形成された。
②だが、商店街の担い手は「近代家族」であったため、事業の継続性という点で大きな限界があった。

つまり、日本の商店街は、地域のシンボルなどと喧伝される割には、家族という閉じたなかで事業がおこなわれ、その結果、わずか一、二世代しか存続できないような代物だったのである。シニカルに見れば、実体としての近代家族が衰退しているなかで、商店街だけが生き残るわけがない。しかし、それでもなお「商店街」の存続をわたしは願っている。そのためには、事業継続性の困難を克服しなければならない。この点に関しては終章で論じることにしたい。

（＊6）近代家族の特徴は以下の八つである。①家内領域と公共領域の分離、②家族成員相互の強い情緒的関係、③子供中心主義、④男は公共領域・女は家内領域という性別分業、⑤家族の集団性の強化、⑥社交の衰退、⑦非親族の排除、⑧核家族（落合恵美子、一九八九、『近代家族とフェミニズム』勁草書房）
（＊7）中野卓、一九六四→一九七八、『商家同族団の研究――暖簾をめぐる家と家連合の研究（上・下）』未来社。

1-5　社会理論と商店街

*「自営業の安定」の語りの欠如

本節では、本書のキーとなる「自営業の安定」がなぜこれほどまで語られてこなかったのか、を理論的に説明しておこう。ただ、ここから先の記述は、専門的な知識に偏るし、この節の内容を知らなくても、本書の論旨の理解は変わらないので、興味のない方は次節へと読み飛ばしてもらってもよい。

「自営業の安定」に対する等閑視――なぜ、こうした見方がつくりだされたのか。それというのも、これまでの社会科学の議論が、自営業層の減少を当然としていたからである。より具体的に言うと、農民層を中心とした自営業層が、都市へと流れ込み、そのほとんどが雇用層になることを前提として、これまでの社会科学上の議論がおこなわれていたからである。そうした想定は、マルクス主義にしろ、マルクス主義に与《くみ》しない産業化論にしろ同じだった。まず、この点から説明することにしよう。

*工業化なき近代化という矛盾

近代化は、農民層が分解し、都市へと移動する都市化を一つのメルクマールとしてきた。そして、マルクス主義も産業化論も、社会経済的に立ちゆかなくなった農民層が、工業部門に吸収される、という図式を立てていた。

マルクスの有名な『共産党宣言』には次のような記述がある。

これまでの下層の中産階級、すなわち小工業者、商人および金利生活者、手工業者および農民、これらすべての階級はプロレタリア階級に転落する。(*8)

社会学者のダニエル・ベルが言うには、マルクスの資本主義の分析は、製造業と農業という二つの生産分野を基礎としていた。それは、農業者が分解して、生産手段の所有者である資本家とプロレタリアートの二つの階級が生まれるという図式だった。この図式に基づくならば、資本家とプロレタリアート以外の「あらゆる《第三者》は除外される」はずであった。(*9)だが、実際には、農業者→雇用労働者という単純な経路とはならなかった。無視できないほどの「第三者」——その多くが零細小売商——が発生したのである。

歴史家のエリック・ホブズボームも、マルクスの予言――農民層の崩壊と近代産業の勃興が同時に生じるという予言――が実際には一部の先進国でしか実現しなかったと述べている(*10)。また、経済学者のウォラースティンは、高度資本主義の世界経済においてでさえも、雇用者が労働力人口の半数以下しかいないことを指摘している。経済学者の大沢真理が言うように「資本主義の歴史について驚くべきは、いかにプロレタリア化が進行しなかったか、という点である」(*11)。

このように、マルクス主義・産業化論という社会変動の二大理論は、都市の零細小売商の増加という現象を、その理論の内部で説明することができなかった。

では、社会理論家たちは、どのように零細小売商という存在を理解したのか。総じて言えることは、社会理論家たちにとって、零細小売商とは、非合理的かつ保守的存在であるとともに、その社会の「遅れ」を象徴する存在であったということだ。

(*8) マルクス，カール、エンゲルス，フリードリヒ、大内兵衛、向坂逸郎訳、一九四八＝一九七一、『共産党宣言』岩波書店、四九頁。
(*9) ベル，ダニエル、内田忠夫訳、一九七三＝一九七五、『脱工業社会の到来』ダイヤモンド社、七八頁。
(*10) ホブズボーム，エリック、河合秀和訳、一九九四＝一九九六、『二〇世紀の歴史――極端な時代（上・

下)』三省堂、下巻九頁。
(*11) 大沢真理、二〇〇七、『現代日本の生活保障システム——座標とゆくえ』岩波書店、五八頁。

*零細自営商の保守性

なぜ零細小売商は非合理的・保守的存在として捉えられたのか。

その理由は、もっぱら零細自営商たちが既得権を維持しようとするふるまいに由来していた。日本では、第二次世界大戦後、零細自営商の保護施策が継続的に採られたが、それは零細自営商の保守化と対応していた。表1でわかるように、自営・商工業者の保守傾向は自他ともに認めるほどに明らかであった。

しかし、問題はこれだけに留《とど》まらなかった。零細自営業層の保守化は、政治的には、ファシズムとつながる動きとして捉えられていたのである。ドイツではナチス・ヒトラーを主導的に支えた存在が都市自営業層だったことが知られている。だから、零細自営商が力を握っている状況は、そのまま社会のファッショ化を意味するものと見なされた。

では、なぜ零細自営業層はファシズムの主導層になってしまうのか。この点について、もっとも鋭敏に分析をおこなったのがドイツの社会学者であるエーリッヒ・フロムである。

表1　高度成長期における各職業階層ごとの政党支持率の推移（%）

	1963年6月		1965年8月		1970年6月	
	保守	革新	保守	革新	保守	革新
事務職	38	50	37	49	39	40
管理職	64	27	50	34	55	21
労働者（産業）	30	57	20	56	34	40
労働者（商店員など）	40	43	35	45	45	27
自営・商工業者	65	20	58	25	61	19
自由業者	78	11	60	35	67	22
農林漁業者	62	18	59	20	64	20
その他・無職	51	21	52	22	55	11

出典：朝日新聞社世論調査室編『日本人の政治意識』

フロムによれば、零細自営業層は、ファシズムを積極的に受け入れる権威主義的性格という心理傾向を有している。

権威主義的性格とは、権威ある強き者には無批判に服従や同調を示す一方、弱き者には自分の力を誇示して絶対的な服従を求めるという性格特性である。(*12)

フロムによれば、権威主義的性格は、マックス・ウェーバーが「プロテスタンティズムの倫理」と呼んだ禁欲の精神と表裏一体である。宗教改革の中心人物であったルターやカルヴァンの思想を形づくっているのは、現世に対する根本的な不信感であり、人生が自分の意志や希望をこえた力によって決定されているという、ある種の確信であった。

こうした現世否定主義の考えを積極的に受け入れたのが、零細小売商や職人などの下層中間階級であった。彼らは、神に対する絶対的な服従を受け入れ、その倫理観（＝プロテスタンティズムの倫理）でもって、禁欲的に事業に勤《いそ》しんだ。こうした禁欲精神こそが資本主義を生み出したことはマックス・ウェーバーが『プロテスタンティズムの倫理と資本主義の精神』で明らかにしているところである。

だが、二〇世紀前半になって、大規模な企業組織が登場したことで、小規模な事業主である彼らの経済的地位は大きく低下した。現世に対する絶望的な見方をもつ彼らは、自らを没落させた経済体制を、努力や意志で変えることができない宿命と見なした。そして、彼らは、経済的な苦境という宿命から救いだしてくれる存在を希求した。それがナチズムという権力だった。

日本の戦後知識人たちも、フロムと同じような考えをもっていた。日本の零細小売商たちも、矛盾に満ちた経済的状況を主体的に変革しようとしない。彼らは、単に権力者にすがることしか考えずに行動をしている。こうした保守性は社会構造上、変わることはない。そして、その保守性を放置していれば、社会のファシズム化が進行する。そのように考えたわけである。(*13)

また、こうした見解の背景にはマルクス主義の思想も介在していた。マルクス主義にもとづけば、労働者は革命主体となりえるが、零細小売商は革命主体たりえない。彼らは、プロレタリアートになりそこねた旧い秩序にもとづく階級なのだから、滅びて当然というわけである。当時の知識人は、以上のような認識にもとづき、零細商人が保守政治と結びついて、あたかもゾンビのように生き残っていると解釈したのである。


（＊12）フロム，エーリッヒ、日高六郎訳、一九四一＝一九五一、『自由からの逃走』創元社。

（＊13）たとえば、こうした議論の典型的な例として、社会政策学の泰斗である大河内一男の次の批判がある。

「（略）『旧中産階級』の救済は、往々資本制的に合理的なものの発展を阻止し、かえって賃金労働者の生活条件の低下を結果する場合が少なくない。がんらいこの種の階層は、文字の示すような『中産的』存在でない場合においても、その意識と観念においては極めて頑健な保守性を宿しているのが通例であり、彼らは、場合によっては、社会的反動の最も有力な温床となるものであることはファシズムの抬頭の歴史において、われわれの経験ずみのことである。彼らは、純粋なプロレタリアではないが、しかも、歴史的には、その見通しにおいて暗く、経済的条件において賃金労働者以下の場合が多いにもかかわらず、彼らがたまたま、ささやかな作業場や店舗の所有者であり猫額大の土地の領有者であることは、彼らを熱狂的な現存秩序の擁護者たらしめているのである」（大河内、一九四九→一九八四、『社会政策（総論）』岩波書店）

*「遅れ」としての零細自営商

したがって、零細小売商が分厚く残存するのは、日本社会の「遅れ」を象徴しているという見方が根強かった。そして、その遅れは、大きく分けて経済構造と家族構造の両面から捉えられた。

経済構造的には、零細小売商は、日本経済の宿痾《しゅくあ》とでも言うべき「二重構造」の象徴的存在とされていた。

日本経済は、零細的で生産性が低い産業と、大規模で生産性の高い産業との二極化が問題とされていた。なかでも問題だったのが、零細規模出身の農民層が、そのまま零細規模の都市小売商へと移行することであった。農村の「遅れ」がそのまま都市社会に残響しているというわけである。こうした高生産性部門と低生産性部門とに社会が切り裂かれている状態は「二重構造」と呼ばれ、日本社会の「遅れ」の象徴と見なされた。

また、こうした零細規模の自営業は、単に生産性が低いのみならず、家族経営であったことも、「遅れ」を意味するものとして理解された。

一九五六（昭和三一）年度の「年次経済報告」（経済白書）では、日本の自営業率は二割四分と、イギリスやアメリカと比べて低いものの、家族労働者の比重が諸外国に比べて高い、という指摘がなされている。自営業における家族従事者の多さは、家長である自営業主の男性が妻と子どもの労働力に頼っている証左とされた。

こうした状況を、たとえば政治学者の松下圭一は、「家族労働に依存する小企業・商店の強固な残存がある」と表現した。ここでいう「残存」とは、「前近代的」な家業的経営に依存している状況を指していた。(＊14)

しかし、前節ですでに指摘したように、この見方は完全な間違いとはいわないまでも、あまりに発展史観にもとづく議論だろう。商店を営む家族は、すでにイエから近代家族へと移行していた。そのように考えないと、現在の商店街の苦境は説明できないからである。しかし、これまでの社会理論は、商店街の近代性を理解できなかったばかりに、否定的なレッテルを貼るか、あるいはその社会学的重要性を認識できないまま、その崩壊を看過しただけであった。

（＊14）松下圭一、一九七一、『シビル・ミニマムの思想』東京大学出版会。

＊都市計画と商店街

とはいえ、あらゆる学問分野で商店街が否定的なレッテルを貼られていたわけではない。とくに、都市計画の分野では、商店街を積極的に位置づけようとする動きがあった。

たとえば、日本の「商店街」の形成過程にも影響を与えた議論として、社会改良家のエベネーザー・ハワードによる「都市と農村の結婚」をめざした「田園都市」論がある。(＊15) ハワードは、田園都市を論じるなかで、商店街のプロトタイプとも言えるアーケード構想を論じている。

ハワードは、田園都市の中央部に、商店を集めることを提案した。その一帯はアーケードで覆い、雨や寒さから身を守ることができる。商店街は、雨が降ろうと寒かろうと、地域の人々が集うことができる場、いわばコミュニティの憩いの場として意味づけられた。アーケードはそうしたコミュニティの維持のために必要な設備として考えられた。

ハワードの田園都市の議論は一九〇七（明治四〇）年に内務省の有志が訳して刊行されるなど、日本でもひろく紹介された。本来のハワードの考えとは異なっていたが、東京や大阪の郊外建設のさいに、田園都市の議論はたえず参照された。それを考えれば、日本の商店街形成において、ハワードの議論が一定の影響を及ぼしたと言えるだろう。

また、商店街の形成にあたり田園都市以上に影響を与えたものとして、社会改良家のクラレンス・ペリーの『近隣住区論』がある。(＊16)

ペリーは、市街地を小学校が成立する程度の規模に分割し、そのなかに生活に必要な施設を設け、各種施設の管理をおこなうための住民組織を確立するという考えを提示した。具体的には、中央部には小学校やオープンスペースが設けられる。その周辺部には幹線道路が配置され、住区内部には通過するためだけの道路は設けない。また、幹線道路沿いには、隣の近隣住区と共有の商業施設が配置される、というものだった。

以上の近隣住区論の根底にあるのは、いかに家族が安心して暮らすことのできる地域社会を作り上げるか、ということだった。だからこそ、小学校区という児童が歩ける範囲内に、生活に必要な施設を配置するというプランニングが提案されたわけだ。

ペリーによる近隣住区論は、戦後日本のニュータウン建設計画、たとえば大阪・千里ニュータウンや東京・多摩ニュータウンなどをはじめとして、多くの都市開発で実践されることになった。

とはいえ、以上は、あくまで都市計画という限られたなかでの議論である。日本の社会科学は批判理論の影響力が強いため、こうした工学的な設計管理の考え方に対して、総じてシニカルな見方をする。かくして社会科学は、商店街を否定的に捉えることになった。

このような否定的なレッテルが貼られるなか、零細小売商は、既得権益集団として政策による保護を求めはじめる。

行政による保護を求めるなかで、個々の零細小売商たちは、「商店街」という理念に元々あった専門性を持ちえなくなった。個々の店舗が消費者にアピールできるほどの専門性を持たなかったがために、消費者たちの「より安く・より便利に」という要求に太刀《たち》打ちできなくなった。

このプロセスについては、第4章で詳しく論じることになるだろう。

（＊15）ハワード，エベネーザー、長素連訳、一九〇二＝一九六八、『明日の田園都市』鹿島出版会。

（＊16）ペリー，クラレンス、倉田和四生訳、一九二九＝一九七五、『近隣住区論――新しいコミュニティ計画のために』鹿島出版会。

1-6　本書の構成

本書は、商店街に支えられていた日本の安定の歴史をつまびらかにし、そしてその功罪を分析したうえで、そこから学ぶべきところは学び、変えるところは変えていこうという、一つの提案をおこなうものである。

最後まで読んでいただくとわかると思うが、わたしの商店街に対する評価は両義的である。「商店街」という理念は評価できるが、それを担う主体に問題があったというのが、わたしの立場である。

こうした立場を、人によっては、「商店街」という過去の成功事例に対する単なる郷愁や憧憬《しょうけい》であると判断するかもしれない。

しかし、わたしはそれに対しては次のように反論したい。

最終章でとくに論じていることであるが、わたしは、過去の共同体を復活させるためではなく、生活保障となるべき地域の拠点として、商店街を定位したいと思っている。昨今、インターネットショッピングの普及やショッピングモールの増加によって、以前よりも距離の遠近に関係なく消費することが可能になった。しかし、障がいに苦しんだり災害を被《こうむ》ったりしたときに、やはり頼りになるのは地域社会における消費空間である。わたしはそのことを東日本大震災で確信した。

わたしたちは、生きていくために必要な財やサービスを自分で生産していない。医療や介護サービスを整えるだけが生活保障となるのではない。地域の消費生活を支える商店街も同じように重要であるはずだ。

また、社会学者のR・A・ニスベットも指摘するように、近代は、コミュニティの消滅に力を発揮してきたが、新しい型のコミュニティの生成という側面を欠いてきた。(＊17) 商店街には、近代社会においては例外的といっていいほど、一人ひとりの生活に根ざした形で新しいコミュニティをつくりあげた実績がある。

過去の商店街のあり方をそのまま再生するわけにいかないのは当然である。しかし、商店街が実現しようとした理念は受け継ぐべきであるように感じている。

民主党政権は、鳩山政権以来、すべての人が「出番」と「居場所」のある社会をめざすと表明している。仕事がない若者たちが将来に悲観することがないよう、そして地域で生きている人びとがしっかりと「居場所」を確保できるように、さまざまな政策を練っているわけだ。

この民主党の方向性はよいと思う。だが、どのようにして、「出番」と「居場所」を用意するのかがハッキリしない。たとえば、市民の力を活用した「新しい公共」が必要だとの提案がなされているが、その「新しい公共」なるものの具体像は、いまだよく見えてこないのが現状である。

商店街は、どのようなプロセスで構想されたのか。それは地域社会でどのような役割を担うものと想定されてきたのか。また、商店街は何を達成し、どのようにして崩壊してしまったのか。そして、商店街を復興することは、コミュニティの再生に向けて、雇用とならぶ別の解になるのだろうか。

わたしは、「自営業の安定」をそのまま元に戻すというよりも、雇用と自営の中間形態である協同組合や社会的企業を中心に商店街を再構築することを考えているが、そのためにもこれまでの商店街のあり方について検討しなければならない。だからこそ、商店街の歴史をひもとこうというわけである。

（＊17）ニスベット，ロバート・A、安江孝司他訳、一九五三＝一九八六、『共同体の探求』梓出版社。

次章以降の構成をあらかじめ示しておく。

第２章では、戦前にまでさかのぼって商店街が「発明」された状況を見ていく。一般に考えられているのとは異なり、たいていの商店街は、近代になってから生まれている。近代化という社会変動のなかで生じたアノミー（無規制状態）を解決するものとして「商店街」という理念が生まれてきた。その胎動の瞬間を見る。

第3章では、戦後の歴史に目を向け、戦前に生まれた商店街が、「保守」の象徴と見なされ、新たに台頭してきた都市勤労者層を中心とした「革新」と対立しつつ共存することで、戦後日本の安定が機能してきたことを明らかにする。この時期は、戦後日本の「両翼の安定」がもっともうまく機能していた時期で、「商店街の黄金時代」——それは日本社会の黄金時代といってもよいが——と呼ぶことができる。

第4章では、イデオロギー対立の終焉《しゅうえん》とともに、「革新」であった都市勤労者層が「新たな保守」となり、旧来の「保守」、つまり自営業者層が保守の座から引きずり下ろされていく過程を見る。これは、しばしば「イデオロギーの終焉」（ダニエル・ベル）といわれるが、たんなるイデオロギーの問題を超えた大きな転換点だった。この転換は、規制緩和を正当化し、その後、急速に商店街は衰退の一途をたどることとなる。

第5章では、現在の商店街の姿が消えた地域社会の問題点をもう一度確認し、「男性稼ぎ主」世帯にかたよっている現状の社会保障政策を批判する。そのうえで、現代社会の問題を克服するための一つの方法として「商店街」という理念の活用の可能性を提案する。それは、個人をささえる給付・規制策にくわえて、地域をささえる規制が必要であるとの提案となるだろう。

第2章　商店街の胎動期（一九二〇～一九四五）

――「商店街」という理念の成立

2-1 発明された商店街

商店街とは二〇世紀になって創られた人工物である。

このように論じると、たちまち反論がきそうである。商店街は、近代以前から存在したのではないか、と。

たしかに、日本の代表的な百科事典には、商店街の来歴が次のように説明されている。

日本では、平安京の町割に由来するといわれる錦小路（京都）や、城下町の市を起源とする事例、また琴平（香川県）や浅草寺仲見世（東京）のような社寺の門前町がある。（CD-ROM版『世界大百科事典』第二版「商店街」の項目）

日本の商店街は、平安京までたどることができる伝統的な存在だと主張しているのだが、こうした見解は果たして妥当なのか。

まず、確認しておきたいのは、商店街の定義である。同じ百科事典には、商店街の定義が次のように書かれている。

都市の特定地区に多数の商店が集中している街区を指し、一般に最寄品や買回り品を取り扱う独立の中小小売業者から構成されている。

この百科事典によれば、商店街は中小の商店が集った地域であるそうだ。しかし、ここで検討すべきは、中小の商店が集えばそれだけで自動的に「商店街」になるのか、という素朴な疑問である。

商店街は、商店の連なりだけに還元することはできない。というのも、商店街には、商店同士の連携があり、そして、地域社会のシンボルと見なされているからだ。じっさい、日本では、商店街を「街の顔」と見なすし、商店街の凋落をあたかも地域社会の衰退であるかのように解釈してきた。

だとすると、ここで問わなければならないのは、次のことである。それは、多くの小売店が集まっているという空間的現象だけでは説明できない「商店街」が、どのようなプロセスによって形成されたのか。そして、それがいかにして、日本中にひろがっていったのか、という問いである。

本章で明らかにするのは、商店の連なりだけには還元できないシンボル性をもった「商店街」が、二〇世紀以降——正確に言うならば第一次世界大戦後——に形成されたということである。なぜ第一次大戦後かというと、農村部から都市部へと流れ出る人々を、中間層化して社会秩序に統合するという目的のためであった。

だから、商店街は、けっして伝統的なものではない。それは、近代日本社会の秩序形成の過程——今の言葉で言うと「社会的包摂」という言葉が近いだろうか——から生まれた人工物だったのだ。

この章では、商店街という秩序が全国規模で成立するにあたって必要だった理念について明らかにする。(＊18) 本章の作業を経ることで、商店街の現代的な可能性を見いだすことへの準備が整うだろう。


（＊18）具体的には、小売商業を専門とする商業学者などの専門家の言説を中心に、新聞資料や帝国議会会議録などをつうじて、「商店街」という理念およびそれにかかわる制度の成立プロセスについて見ていくことにする。

2-2　都市の拡大と零細小売商

＊近代的雇用システムの成立と都市零細民の増大

「商店街」という理念の形成を論じるには、第一次世界大戦以降の社会変動を理解しておく必要がある。

まず確認しておきたいのは、この時期に、零細小売商が大きく増えたことだ。この時期は、多くの人々が農業をやめて都市に出てきたが、彼らを吸収するほど都市には雇用はなかった。だからこそ、多くの離農者が商売を営んだわけだ。

なぜ、離農者が増えたのか。それは、第一次大戦後、農村が長引く不況に苦しんだからである。

第一次大戦中は戦時景気に沸いていた日本だったが、大戦終了後、ヨーロッパの製品がアジア市場に戻ることにより、その反動で恐慌が発生した。その後も、一九二三（大正一二）年の関東大震災、二七（昭和二）年の金融恐慌、三〇（昭和五）年の昭和恐慌と、昭和の前半は「恐慌から恐慌へよろめく」という断続的な不況に巻き込まれた。とくに、この昭和初頭の不況は、農村に大きなダメージを与えた。

経済的に苦しむ農民のなかには、子どもや若い女性を都会に送り込むことで生計をたてる者もいたほどだったが、この時期の生存戦略の一つが、農村を捨てて家族で都会へ移動することだった。

そして、この時期の離農者の多くは、製造業などを営む近代的企業ではなく、零細小売業者として都市で働きはじめた。彼らが、都市自営業の新規参入者となった。

なぜ、この時期の離農者たちは、雇用労働者として企業で働くことができなかったのだろうか。

その背景には、企業・工場の大規模化にともなう近代官僚制の進展があった。

第一次大戦後、不景気により中小企業が没落し、財閥に吸収される。一九二八（昭和三）年には、全国の法人企業の払込資本金のうち、三〇・一％が、三井・三菱・住友の三大財閥系企業に占められた。

また、この時期は、財閥への吸収だけでなく、工場の大規模化も進んでいた。経済学者の尾高煌之助によれば、一九〇九（明治四二）年当時の工場は、平均して従業員二〇人程度の規模だったのが、一九一〇（明治四三）年ごろから一〇〇〇人をこえる大工場が増加した。(*19)

こうした企業と工場の拡大は、労働者の雇用・採用のあり方を変化させた。

経済史家の中村隆英が言うには、第一次大戦までの近代産業の採用システムは「親方請負制」によるものが中心的だった。「親方請負制」とは、熟練工が親方となって、工場で必要な作業を親方個人が請け負うというものだ。親方の元で働く工員は、企業が直接人材を募集するのではなく、親方が自分の郷里などから集めた。工員は、「親方‐徒弟」という特殊な人間関係（それは「組」とよばれる）を結んで、企業から発注された仕事をこなした。今で言うところの請負に近いだろう。

だが、この親方請負制は、第一次大戦後、徐々に廃《すた》れていき、管理職から末端にいたるまで企業による直接雇用に置き換わる。(＊20)(＊21)

何が言いたいかというと、企業が直接採用するとなると、学歴重視となって、農業をやめた人が企業で働くことを困難にさせるのである。(＊22)

また、学校を卒業したばかりの農村出身の若者にしても、当時は企業に採用されるのは厳しかった。というのも、当時は景気が悪かっただけでなく、法律によって、義務教育直後の生産労働が禁止されていたからである。

教育社会学者の苅谷剛彦によれば、この時期の日本は、工場労働者最低年齢法等の規定によって、尋常小学校卒業（当時の義務教育）直後に、生産労働をおこなうことは禁じられていた。また、高等小学校の卒業者も、就業制限が設けられた。

苅谷が言うには、すぐに就職ができない農村部の若者に残されたのは、次の二つの選択肢であった。

一つは、学校卒業後の数年間は、家業である農業を手伝うという選択肢である。もう一つは、卒業後の早い段階で都市へと出て行き、商売をはじめるという選択肢である。[*23]

以上の就職制度と学校制度によって、多くの人が都市で商売をはじめるようになったわけだが、多くの人が小売業に参入するため、大変な供給過多となってしまった。

たとえば時代は少し下るものの、一九三〇年代初頭で、東京市内でお菓子屋が一六世帯に一軒、米屋が二三世帯に一軒と、小売業はとてつもなく過密な状況であった。

こうした過密さは、第一次大戦後から変わらない状況だったが、それでもなお農村をすてて都市で小売業をはじめる者が後を絶たなかったのは、他の仕事に比べると資本・技術をそれほど必要とせず、かつ家族で仕事ができたからである。

ここまでの話をまとめると次のようになる。

第一次大戦後の不況期に、企業と工場の大規模化が起きた。その過程で「親方 - 子方」といったコネによる働き方が少なくなり、「新卒採用」の近代的な人事制度が整った。農村では、不況のため、都市への人口流入が激しくなったが、近代的な人事システムの採用もあって、農村出身者が都市で就業することがむずかしくなった。農村の人々は、単身者で都市に移動したというイメージがあるが、実際は世帯単位で都市に出ていき、零細の小売・サービス層に変わった。

（＊１９）尾高煌之助、一九八九、「二重構造」中村隆英・尾高煌之助編『日本経済史　二重構造』岩波書店。

（＊２０）これは、社会学の言葉で言えば、近代官僚制の浸透であった。近代官僚制とは、ウェーバーによれば、組織の永続化と合理化をはかるための組織形態を意味する。組織の仕事は、一握りの優秀な人間（カリスマ）に頼らないようにするため、合理的に分業化される。また、職員の採用も、業務の分担に応じて、専門能力の有無で決定される。要するに、近代官僚制のもとでは、以前にあったような、世襲やコネによる採用が排除される。

（＊２１）その理由は、親方たちが権利意識をつよめて、賃金闘争を企業に挑んだからである。親方との賃金闘争をいやがる企業は、親方の代わりに、直接雇用した従業員たちに仕事をまかせた。企業は、学卒後に就業する若者たちに対して、企業負担のＯＪＴ（On-the-Job Training）――働かせながらおこなわれる企業内の教育訓練――をおこない、企業組織内で現場を仕切る職長まで昇進させる仕組みをつくりはじめた。

（＊２２）中村隆英、一九九三、『日本経済――その成長と構造（第三版）』東京大学出版会。

（＊２３）苅谷剛彦、二〇〇〇、「学校・職安・地域間移動」苅谷・菅山・石田編『学校・職安・労働市場』東京大学出版会。

＊物価不安と協同組合

このように、第一次大戦後、都市の小売業者が急増するのだが、それは都市住民にとってけっして歓迎すべきことではなかった。当時、物価の乱高下や粗悪品の流通が起きていたが、その原因は小売業者の秩序なき増加であると都市住民は考えていた。こうして一部の都市住民は、自衛策として、協同組合という実践を進めていく。この動きも商店街の形成にあたって重要なので触れておこう。

都市消費者の小売業者に対する疑念が騒乱というかたちで噴出したのが一九一八（大正七）年の米騒動であった。富山の主婦たちが米屋を襲ったことをきっかけに全国でひろがった騒乱だが、最終的に、天皇が一〇〇万円、政府が一〇〇〇万円を支出することで、人々の怒りを静めなければならないほどの大事件であった。

この騒動の背景には、二〇世紀に入ってからの急速な都市人口の増加があった。人口の増加は、生活必需品の消費量の急増をまねき、物価の乱高下をひきおこした。

しかし、都市消費者は、物価乱高下の要因を、小売店側の問題であると感じた。米騒動後も、物価の乱高下はひきつづき生じた。消費者は、この問題を乗り越えるために、協同組合をつくり、みずからの手で流通問題を解決しようとした。協同組合とは、共通する目的――たとえば安く品物を手に入れるなど――のため、非営利で、個人・零細事業者が協同して事業をおこなうことをいう。(＊24)

イギリスの歴史家であるエリック・ホブズボームは、一九世紀ヨーロッパにおける非政府ベースの生活自衛策が、大量の移民と協同組合の大きく二つであったことを指摘している。(＊25)日本も二〇世紀から、貧困層が大陸に移民として渡るとともに、協同組合の設立がひろがった。その動きは、消費者だけでなく、零細事業者のあいだでもひろがっていた。

江戸時代から株仲間とよばれる流通業者によるギルド組織が存在していた。しかし、それは、力の強い流通業者と幕府とのあいだの協定であり、零細業者のための保護ではなかった。また、明治期以降も、小売商の協同事業は単発的に存在していたが、その多くは事業規模の大きい業者による一種のカルテルだったり、国レベルでの包括的な組合であったりした。

だが、二〇世紀に入って、小規模事業者による協同組合の動きが大きなうねりとなっていく。そのきっかけはまず農業分野からはじまった。

明治維新後の農業政策は、小規模の農家をいかに経済的に自立させるかが大きな課題であった。事業規模が小さいと、金融機関からの借り入れもできず、事業の近代化への投資が進まないからである。農政者は、零細農たちが個々ばらばらで貧困にあえいでいる状況を改善するための方策として、零細農たちの協同組合化を進める。その結果、生まれたのが一九〇〇（明治三三）年の産業組合法であった。（＊26）

この産業組合法が一定の成功を収めた（＊27）こともあり、弱き者たちが自分たちの身を助けるために組織化する「協同組合」という理念が、農村零細事業者から都市消費者へとひろがる。

具体的には、それは一九一〇年代終わりの中産階級による協同組合（当時は購買組合とよばれていた）の設立で現実のものとなる。

たとえば、米騒動直前の一九一七年に、悪徳小売業者への対策として消費者による組合が結成されたという記事が掲載されている。

> 物価騰貴《とうき》とか生活難とかの声は久しい以前から喧《やかま》しく唱えられていますが、さて日常のお暮し向きを見るとお勝手口から出入りする商人達の中には、原価を飛び離れた暴利を貪《むさぼ》る者も少くはありません。（略）京橋区新富町一の八にある共栄社は政府の産業組合法によって組織された購買組合で、物価騰貴の今日、一般の家庭には実にこの上もない便利と利益とを与えるものと思います。目下組合員は二千百余名からあって、その中には大限

侯、柳原伯、加納子その他諸名士の家庭や女学校の寄宿舎等もありますが、これに加入するには一口二十円（十口以上は不可）の出資をする事になっていて、最初十円を払込んでおけば、品物は月末勘定で配達を受けられ、残りの十円は利益配当や購買品の割戻金によって知らず知らずに支払って終《しま》われ、その額に達すれば利益配当や割戻し金は現金で組合員に渡される事になっています。(＊28)

こうした消費者による先駆的運動は、たとえば、東京では、大正デモクラシーの主唱者である吉野作造による家庭購買組合（一九一九年）の設立、関西ではクリスチャンで労働運動にくわわっていた賀川豊彦による、神戸消費組合・灘購買組合（ともに一九二一年）の設立があった。むろん、こうした動きは、当時の社会のなかでは少数事例ではあったが、戦後の生活協同組合（生協）へとつづく重要なきっかけであったことは間違いない。(＊29)

（＊24）協同組合と似た自助的組織として労働組合があるが、労働組合は雇用環境の向上などを目的として組織されているのに対して、協同組合は目的を共にする人々が協力して非営利事業をおこなうという点に違いがある。

（＊25）ホブズボーム，エリック、野口建彦・野口照子訳、一九八七＝一九九三、『帝国の時代――一八七五‐一九一四　1』みすず書房、第二章。

（＊26）また一九二〇年代以降の農業恐慌をきっかけとした、政府による零細農を中心とした組合設立への後押しが、商業者と小農者の間での対立をひきおこしたこともあわせて指摘したい。政府は、農業恐慌対策として、組合を主体とした農村経済更生運動を推進し、その過程で、農村の組合は、米穀・野菜果実・生糸・肥料・農機具・油・砂糖・文房具・薬品などを、製造業者から直接購入するようになった。こうした活動は、当然ながら、商業者の売上に大きな影響を及ぼす。そのため、中小商業者は、政府に対して農村の組合への税制をはじめとした優遇措置を取りやめるように運動を起こすことになった（こうした農村の組合の活動を制限するように求める運動のことを「反産運動」あるいは「商権擁護運動」という）。このように、消費者と零細農の連帯意識は、都市の商業者の不満を表面化させることになった。

（＊27）一九〇〇年に施行された産業組合は第一次大戦をきっかけに急成長した。とりわけ一九三二（昭和七）年からの「産業組合拡充五ヶ年計画」によって、小売商人の反発を買いつつも産業組合の拡大強化が図られ、一九三四（昭和九）年には、組合数一万四八〇〇、組合員数五五一万人まで達した（中西寅雄、一九三六、『産業組合運動と商権擁護運動』商業組合中央会）。

（＊28）「良い品物が廉《やす》く買える――買う人達が組織した購買組合」『読売新聞』一九一七年三月一日。

（＊29）また、第一次大戦前後の物価の乱高下は、都市部の消費者だけでなく、労働現場における協同組合化も誘発していた。足尾銅山三養会（一九〇八年）、三池共愛組合（一九二〇年）など、多くの工場や鉱山などで、産業組合法にもとづく協同組合が設立された。とりわけ三池共愛組合は購買組合の代表格といってもよい存在で、一九二九（昭和四）年の加盟者数は、一万八〇〇〇人にも上っていた（東京商工会議所、一九三〇、『購買組合に関する調査』東京商工会議所）。それ以外にも、満鉄社員消費組合など、植民地にも協同組合がひろがった。

＊公設市場の設置

また、消費組合と同じ時期に出てきたのが、自治体による公設市場の設置の動きであった。米騒動以前の公設市場は、台湾（当時、日本領）や門司などわずかに存在する程度であったが、米騒動が勃発した一九一八（大正七）年に、大阪市の四ヶ所、一九一九（大正八）年の東京市の六ヶ所など、各地に公設の市場が開設されることになった。(＊30)

現代の社会政策は、労働政策、社会保障政策、福祉政策のおよそ三つに集約されるが、当時、人々に安定した価格で、かつ間断なく物資を供給することも、社会政策と考えられていた。そして、行政は、生活必需品を安価に購買できる場所を用意するだけでなく、自営業を安定させることも、社会政策の一つと見なしていた。

以上見てきたように、第一次大戦前後の物価の乱高下は、協同組合や公設市場の設置を誘発したが、こうした動きを一言でまとめるならば、小売商人への対抗であった。つまり、消費者や行政がみずから商品を仕入れてそれをさばいたならば、暴利をむさぼる商人は必要なくなる、という考えである。そこにあったのは、市民・労働者たちが、商人によって搾取されているという一種の被害者意識であった。

ただ、協同組合や公設市場という考えは、当初、消費者保護として用いられていたが、それが零細小売商の組織化へと転用される。そして、この転用が、「商店街」という理念を形成する重要なきっかけになる。

（＊30）服部文四郎、一九三九、『公私小賣市場の研究』同文館。

＊百貨店の登場

第一次大戦前後は、物価騰貴にあわせて、百貨店という新しい小売業態の存在感が増した時期でもあった。この百貨店の登場は、協同組合の登場以上に、零細小売の立場を追い詰めた。ただ、その一方で、百貨店の特徴が、「商店街」という理念の形成にも活用されることになった。

二〇世紀にはいって、日本の百貨店が大衆の消費空間として花開いたことは、初田亨をはじめとして、多くの論者が指摘するところである。

百貨店の歴史を簡単にふりかえると、当初は一九世紀までの「座売り方式」という販売方法を採っていた。それは次のような方式である。百貨店の顧客は、クツを脱いで店に入る。そして、店舗内の座敷に座って、店に備え置かれた模様見本帳を見たり、あるいは番頭と会話をしたりするなかで、どんな商品を注文するかを見定める。もし、気に入った商品があれば、店にいる小僧に頼んで、倉庫から現物を運び出してもらい、商品を確認したり、購入したりした。

こうした座売り方式が、今のような陳列販売方式へと変化したのが、二〇世紀に入ってからである。

三井呉服店（いまの三越）は、一九〇〇（明治三三）年に本店の座売り方式をすべて陳列販売方式に変え、一九〇四（明治三七）年には、街を行き交う人々が気軽に店にはいることができるようにショーウィンドウを設置した。それだけでなく、百貨店は、食堂・休憩所・茶店などの設備を整え、現在につづく多彩な催し物を開催するようになった。こうして百貨店は、たんなる消費の場所をこえて、子ども連れの家族が一日中楽しむことができる「遊覧の空間」へと変貌していった。

百貨店の大衆化の流れを決定的にしたのが、一九二三（大正一二）年の関東大震災だった。販売方式の変更はあったものの、以前の呉服店の流れを汲んでいた百貨店の顧客層は、中・上流階級を中心としていた。また、取り扱っている商品も、おもに高級衣料・装飾品であった。だが、関東大震災のさいに、一般大衆向けに日常必需品の販売をおこない、一定の成功をおさめる。こうして百貨店は大衆化へと舵を切る[*31]（表2）。

表2　東京市内百貨店主要店舗面積の趨勢(単位：坪数)

	大正11年	大正12年	昭和２年	昭和７年
三越	8961	4900	9661	16177
白木屋	2507	1420	1006	13047
松屋	1500	6378	6378	13826
松坂屋上野店	826	―	1358	12037
高島屋	500	700	1000	1694
伊勢丹	―	600	600	5600

出典：向井鹿松『百貨店の過去現在及將來』同文館
（公開経営指導協会、1983『日本小売業運動史　戦前編』から一部データを補った）

以上のように、百貨店は、都市の消費空間を形づくっていくが、その華々しさの裏には、零細小売商との対立があった。

震災後の百貨店は、食料品や雑貨などの生活必需品の販売、店舗面積の拡大、支店網の拡充、地方への出張販売、無料配送、商品券の発行など、一般大衆向けのサービスをひろげた。(＊32) 零細小売商は、こうした百貨店の動きを、自分たちのテリトリーを荒らす行為と見なした。零細小売商は、不買運動、投石運動、愛郷運動といった、百貨店に対する抵抗運動を各地でひきおこす。その対立は、新聞でも大きく取りあげられた。(＊33)

（＊31）この時期の大衆化の動きとして知られるエピソードに下駄預かりの廃止がある。当時の百貨店は、入り口に下駄を預かる場所があり、客はそこで履物を脱いで、畳敷きの店内をスリッパで歩いていた。履物を脱がせていたのは、当時の道路が舗装されていなかったため、雨の日などに、店内の商品が傷むことをおそれたからであった。この下駄預かり制度は、震災一年後の一九二四（大正一三）年に、松坂屋が廃止したことをきっかけに、急速に姿を消した。そこには、百貨店が、震災で疲弊した大衆に近づくことで、顧客層をひろげようとする思惑があった。（初田亨、一九九九、『百貨店の誕生』ちくま学芸文庫）

（＊32）通商産業省編、一九八〇、『商工政策史　第七巻　内国商業』商工政策史刊行会。

（＊33）中西寅雄編、一九三八、『百貨店法に關する研究』同文館。

＊零細小売商の救済をいかに進めるか

以上からわかるように、第一次大戦前後――とくに一九二〇年代――は、零細小売商がさまざまな層と軋轢《あつれき》を起こした時代であった。都市の消費者は、自己防衛のために協同組合を設立しようとしたが、それは商業の否定につながるとして、零細小売商の反発を生んだ。行政も、物価安定のために、公設市場の設立をはかったが、それも零細小売商との対立を生んだ。圧倒的な資本力によって革新的な販売戦略を展開していた百貨店も、零細小売商の激しい抵抗を受けていた。

当時の小売商は、物価の騰貴を招いている当事者として、さまざまな層と対立していた。だが、そうした対立があったからといって、零細小売商の存在をただちに否定するわけにはいかなかった。先ほどから指摘しているように、零細小売商の立場を弱める政策をとったならば、零細の小売店を営んでいる層が極貧となり、社会不安を惹起《じやっき》する可能性があったからだ。それは、社会秩序の混乱をふせぐために、絶対に避けなければならなかった。

とはいえ、零細小売商の存在をそのまま認めることができるかといえば、それも首肯できなかった。当時の代表的な商業学者は次のように語る。

今かりに当業者の自衛的見地に立って考える。問題は今日行わるるが如き種々の方法が、果して真の意味の小売更生策であるかどうか、かりにこれらの運動がある程度に成功して、問題そのものの目的を達したとしても、それが果して小売更生の実をあげうるかどうかは、今日において最も慎重に考慮さるべき問題であろう。(略)最も重要なる根本的の問題は、それらの更生策が何を目標にし、如何《いか》なる方向に進まんとするかを、まず何よりも先きに認識することである。(*34)

ここからわかることは、大量に発生した小売商をいかに救済し、更生するかという問題関心の強さである。じつは、以上の問題を克服するために「商店街」という理念がつくられる。

現在の社会科学の言葉で言うならば、流動化による小売商の増加に対して商店街という解決策がはかられたわけである。

ただ、それは、たんなる零細小売商の救済ではなかった。「商店街」という理念は、零細小売商が対立していた協同組合、公設市場、百貨店の長所を貪欲に取り入れつつ形成された。

予告しておくと、①百貨店における近代的な消費空間と娯楽性、②協同組合における協同主義、③公設市場における小売の公共性、という三つの要素を取り入れることで、「商店街」という理念がつくりあげられる。つまり「商店街」には当時の小売業の最新型の要素が取り入れられたわけである。次節では、この点をくわしく見ていこう。

（＊34）谷口吉彦、一九三三、「小売更生策としての自由連鎖店」『経済論叢』三七巻六号、五七－八頁。

2-3　「商店街」という理念

＊無鉄砲・無計画な零細小売商たち

先から論じているように、都市における零細小売商の増加は、大きな社会問題であった。

だが、問題はそれだけに留まらなかった。多くの零細小売商たちは、簡単に事業に行き詰まっていた。たとえば一九三〇年代はじめの段階で、浦和市では、小売店の寿命は平均して一年一ヶ月であり、銀座でも四年ほどの寿命しかなかった。[*35]また、大阪市商業調査の開業年別店舗数によれば、小売業を営む者（小売専業と卸小売兼業の双方を含む）のうち、営業継続期間が一年未満の者は一二・九六%、五年未満の者は四六・七〇%、一〇年未満の者は六七・九五%であった。[*36]小売業は、スクラップ・アンド・ビルドが激しく、その結果、経験の浅い零細小売商ばかりが大量にあふれていた。こうした状況になるのは、何の専門性もないままに、商売を営むからだと考えられていた。当時、次のような評論があった。


一体、物を売る——と、いうことは一番難しいことで、昨日商売をはじめて、今日すぐに思う通りに商いが出来たら誰も商売に苦労はしない。

その難しい商売を日本人は実に無鉄砲、しかも無計画におっぱじめる。

それも、あり余る資本をもってはじめるならば、まだしも、多くは身のつまるようなへソクリと、それでも足りなくて不義理な借金までして商売をはじめるのである。[*37]

零細小売商は、たとえ貧困から逃れるという目的があるにしても、「実に無鉄砲、しかも無計画に」商売をはじめる者が多い。だから、専門性のない質の高くない店が増える。このような店がはびこるようでは、消費者が協同組合（今の生協）をつうじて商品を購入したり、百貨店で買い物を楽しんだりしても致し方なかろう。そんな警鐘が鳴らされたのである。
なぜ、こうした状況になったのか――当時の商業学者は、次のような説明をおこなった。多くの零細小売業者は、営利を求める「企業」ではなく、家族を養う「生業」でしかない。だからこそ、商売がうまくいかないのだ、と。

大部分の小売は小農とおなじく、企業ではなくて生業である。これによって大なる資本を蓄積せんとする営利企業ではなく、ただ僅《わず》かに家族の生活または生活の一部を支えうれば足りる。しかも彼等の経営は極めて小規模であり、資力は極めて薄弱であり、加うるに戦後（第一次大戦後のこと：筆者注）の不況と最近の恐慌と百貨店の進出とに挟撃されて、窮乏の極に達せる点において小農と多く相違しない。（＊38）

つまり、当時の零細小売商は、零細規模で資力が乏しく、営利も追求していないうえに、専門性にも欠けているというわけである。

　こうした状況を乗り越えるためにはどうすればよいのか。それは先ほどの問題点を一つひとつ克服していけばよい。つまり、小売店を組織化して規模を拡大し、また専門性を高めればよい、というわけである。

　では、これらを実現するために具体的に何をすればよいのか。じつは、それが商店街だった。商店街があれば、規模が拡大して資力も高まるし、専門性を高めることもできるというわけである。以上の点を具体的に見ていこう。


（＊35）高田琴三郎、一九三四、『明日の小売店経営』千倉書房。

（＊36）大阪市役所産業部調査課編、一九三二、『大阪市産業叢書第九輯　大阪の小売店調査』大阪市役所産業部調査課。川野訓志、一九九二、「戦前期商店街政策の展開――商店街商業組合の形成過程についての一考察」『経済と貿易』（161）横浜市立大学経済研究所。

（＊37）高田琴三郎、一九三四、『明日の小売店経営』千倉書房、一一‐三頁。

（＊38）谷口吉彦、一九三五、「産業組合と産業組合との関係」『農業と経済』2（8）、一三七三頁。

＊組織としての「商店街」

まず、小売商の組織化についてである。組織化のために商店街が必要だったといわれると、何だか当然の話をされているように思うだろうが、当時は、商店街と組織化は直結していなかった。

じっさい、一九二〇年代以前から、小売商の組織化はさまざまなかたちで模索されていたが、(＊39)その多くは同業者同士によるものだった。たとえば、酒販店は酒販店同士で、米穀店は米穀店同士での組織化だったわけである。

こうした同業者の連携は、生産者や卸業者との流通経路を確保することがおもな目的だった。同業者が連携すれば、小売店が個別に生産者や卸業者と取引するよりも、交渉力が強くなる。とくに、価格面と商品の入手に大きな力を発揮することになる。

だが、こうした同業者の連携は、当時の重要問題を解決できなかった。それは小売業者の増加という問題である。なかでもその増加に苦しんでいたのが食料品や日用品関係のお店であった。食料品や日用品関係だと、それほどの技能を必要とせずとも、商売をはじめることができる。そのために農村から離れた人々が、こうした商売にすぐに手を出し、多くの者が失敗していた。

利益が出ないならば店舗数が整理統合されるのが当然の理《ことわり》であるが、それよりも離農者の新規開業の勢いの方が強かった。だから、整理されるどころか年々増加していた。

こうしたなかで考案されたのが、異業態同士の連帯であった。それこそが商店街である。たとえば、大阪府商店会連盟理事長の中村金治郎は商店街の必要性を次のように語っている。

良品廉価は今も昔も、商道の極意なることに相違ないけれども、昔は良い品を安くさえ売れば、如何なる場所如何なる店でも、所謂《いわゆる》千客万来で商売の上に大なる工夫研究を要せず、繁昌致したのである。したがって当時の小売店の形態も単一で経営方法も単調で良かったのである。私はこの時代を、小売店の単一形態時代と申しておる。然《しか》るに、世の中は変るもので、今日は良い品を安く売っても、経営位置（場所）と、店の設備、待遇等やり方によっては、お客が来てくれない。(＊40)

これまでは、良い品を安く売るだけでお客は来てくれた。消費者は、地理的に散らばった店で、そのつど必要な品物を購入していた。それは「小売店の単一形態時代」と呼べるものだった。

だが、今や小売店が単独でやっていける時代は終わった。消費者は、安さだけのみならず、立地面や店の設備などを求めるようになったというわけだ。

また、顧客の共通心理も次のように変化した。

品物は勝手に手に取り、見もして自由に選択したい。品物を買うと共に、心の満足をえたい。愉快に気持ちよく遊び半分に買い物したい。(＊41)

商品は、購入するというだけでなく、それを眺めて楽しむものでもある――こうした幅広い要求に応えるのは単一の店舗だけでは難しい。だからこそ、ばらばらに散らばった状態ではなく、地域全体で「商品を眺める快楽」という要求に応える必要があるというのだ。

こうした問題を解決するために求められたのが組織としての商店街である。

零細小売商が「商店街」として組織化されれば、一つの地域ですべての買い物が済み、消費者の利便性は高まる。また、商売に必要な物資――たとえば商品を入れる買い物袋――を共同購入したり、資金を共同で調達したり、共同で宣伝をおこなうこともできる。

また、組織としての商店街には、次のような協同事業の実施が見込まれた。

県（兵庫県のこと：筆者注）ではこれら商店街の商業組合の組織を勧奨することに方針を定め、まず神戸市内の西宮内、中道通、姫路市の二階町の三商店街を目ざして商業組合を結成させ、共同施設、共同仕入、共同運搬、資金の借入受入などをやらせる方針だが、商店街の組合が出来れば街路の照明なども簡易に実現し得ることになり、百貨店の進出に幾分でも対抗が出来る訳である[*42]（略）。

商店街を形成すれば、物資の共同購入や資金融通だけでなく、商店街全体で商品の配達をおこなったり、商店街共同で売り出しを企画できる。あるいは、街灯などの整備をおこなえば、個々の店の垣根をこえた統一感を消費者に伝えることもできる。

今では、多くの商店街でアーケードが整備されたり、街灯や街路樹があったりするが、こうした試みが各地でひろがるには「商店街」という理念が必要だったわけである。

（＊39）たとえば、一八八四（明治一七）年には農商務省の「同業組合準則」にもとづく組合化、一八九二（明治二五）年以後いくつかの府県で制定される同業組合取締規則、また一九〇〇（明治三三）年に重要物産同業組合法という加入強制権を有した組合制度が設けられていた（藤田貞一郎、一九八五、「同業組合と商業組合――雑誌『商業組合』を手がかりに」『同志社商学』三七（四）。大阪府小売酒販組合、一九五六、『五十年沿革史』大阪府小売酒販組合）。

（＊４０）中村金治郎、一九三七、「商店街商業組合と諸問題」『商店街商業組合の研究』商業組合中央会、三三頁。

（＊４１）中村金治郎、一九三七、「商店街商業組合と諸問題」『商店街商業組合の研究』商業組合中央会、三六頁。

（＊４２）「『横のデパート』建設――商店街を一丸に商業組合を県が本腰で乗出す」『大阪毎日新聞』一九三五年一〇月二日。

＊専門店の連なりとしての商店街

次に考えたいのが、専門性の問題である。先ほど紹介したように、当時、多くの商店は、消費者が満足するに足る専門性に欠けていると考えられた。

対策としては、個々のお店に、専門性を身につけてもらうということになるが、当時の専門家たちはそれだけでは物足りないと考えた。そこで求められていたのは、専門店同士が地域でつながることだった。それこそが商店街である。そのことが明瞭にわかるものとして、ここでは、百貨店と零細小売業の対立をテーマにした東洋経済新報社主催の座談会の発言を見ておこう。

山崎　（略）組合という様な事も勿論《もちろん》必要であります。が、小売商の専門化ということは、殊《こと》に一層必要だと思う。専門店になりますとこれは仲々強い。（略）更にこれが発展してその専門の店々による商店街経営という風なものの地域的結合が出来ますれば、それは相当力をもつものと考えられるのであります。（略）今は素人で始めた人も経験を積んでおる人も雑多に相競っておる形で、お客の方から見てこの信用は到底百貨店の様な大規模の商店に及ばないことは勿論でありますが、その店々の特徴をお客さんに充分に認識していただくことが一向に届いておりません。旁々《かたがた》その専門であり、またその業に経験のある者ということをお客さんに認めていただくことになりますならば、これは当然横の百貨街として相当お客さんを引きつけることができようと思う。（＊43）

当時の零細小売商は、専門性もないまま、個々バラバラに商売をしていた。こうした状況では、専門性がなかなか身につかないだけでなく、商業機能の集積がないという点で、百貨店などに対して利便性でも太刀打ちできなかった。

であるならば、零細小売店は、手をひろげずに専門性を身につけて、それぞれの店が一つの地域に集積すればよい。そうすれば、百貨店と同じように、専門性と利便性を兼ね備えた空間になるはずだ、この座談会ではそのように主張されているわけである。こうした専門店の〝横〟の連なりをある商業学者は次のように称する。

商店街（Shopping street）は横に地を這う百貨店であるとすれば、百貨店（Department store）は縦に中空を聳える商店街である。[＊44]

こうした「横の百貨店」というフレーズは商店街を称するフレーズとして当時のマスメディアのなかでしばしば用いられた（図２）。

たとえば、次のような記事である。

「ズラリ三百軒　出現横の百貨店――まず聖天通と浄正橋通へ　やがては全大阪市内に」（『大阪朝日新聞』一九三三年一二月一〇日）

「デパートを衝《つ》く＝横の百貨店の武装――新しい工夫凝らして店舗、看板を統一」（『大阪時事新報』一九三四年一二月一六日）

「妙案〝横の百貨店〟――会員券一枚ですぐ調うお買物――サラリーマンに福音」（『神戸

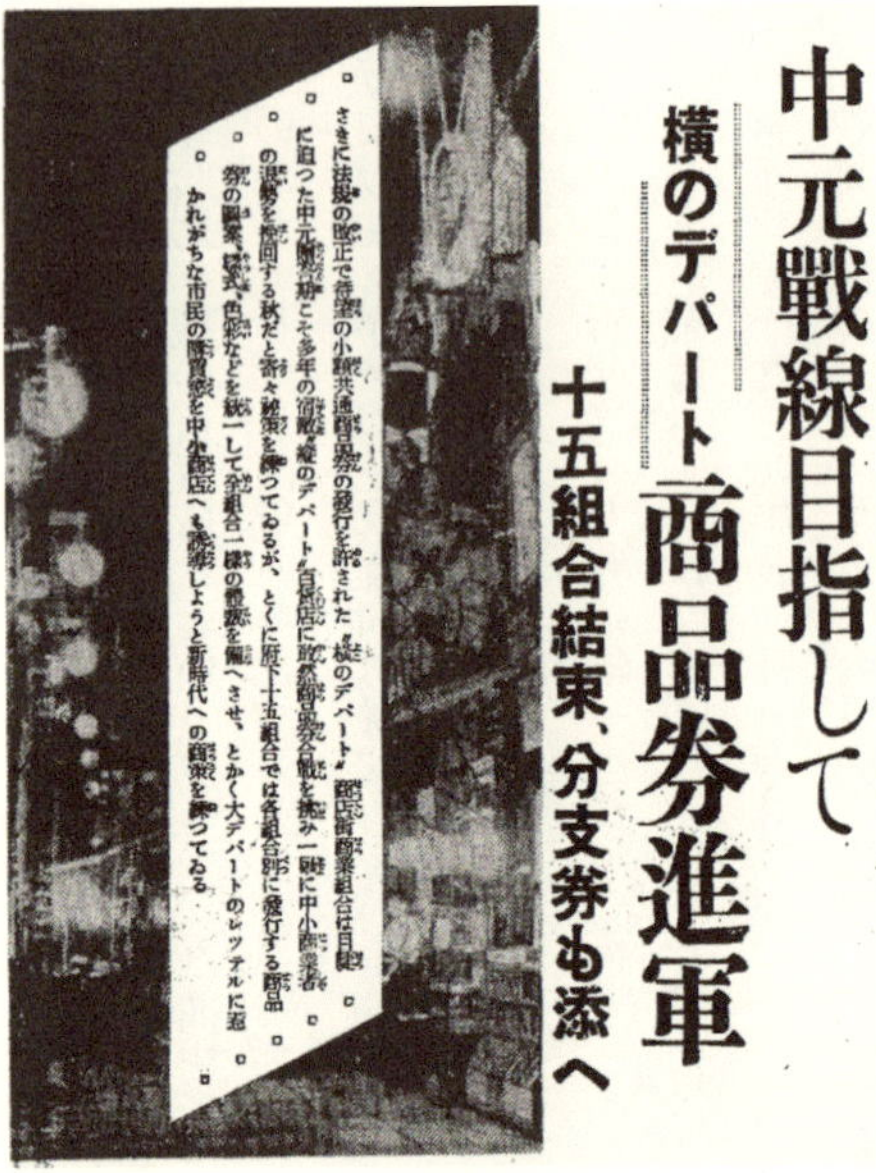

中元戦線目指して
横のデパート商品券進軍
十五組合結束、分支券も添へ

さきに法規の改正で待望の小額共通商品券の発行を許された〝横のデパート〟商店街商業組合は目睫に迫つた中元戦線期こそ多年の宿敵〝縦のデパート〟百貨店に敢然商品券合戦を挑み一挙に中小商業者の退勢を挽回する秋だと着々秘策を練つてゐるが、とくに府下十五組合では各組合別に発行する商品券の図案、様式、色彩などを統一して全組合一様の體裁を備へさせ、とかく大デパートのレッテルに惹かれがちな市民の購買欲を中小商店へも誘導しようと新時代への商策を練つてゐる

図２　「横のデパート」という表現が使われた新聞記事
出典：『読売新聞』1938年6月12日付

新聞』一九三六年七月二九日）
「小売商の挺身隊　横の百貨店――二月一日に店開き」（『神戸又新日報』一九三七年一月一五日）
「生れるぞ！〝横の百貨店〟さァ商品券発行だ――商組改正宿願叶った商店街がスクラム組んでお盆へ進軍」（『読売新聞』一九三八年四月一日）
「中元戦線目指して　横のデパート　商品券進軍　十五組合結束、分支券も添え」（『読売新聞』一九三八年六月一二日）

「横の百貨店」という発想がなぜ必要だったのかをあらためて確認しておこう。

零細小売店が百貨店に対抗するためには、質のよい商品を消費者に提供し、かつ、その場所に行けば何でも揃う空間をつくる必要があったからである。零細小売店は、個々バラバラではなく、それぞれを束ねる統一体でなければならない。そのためにも、町内の店のすべてを専門店にして、一つの百貨店にすることがよいというわけである。

商店街が地域の百貨店であるならば、百貨店にシンボルマークがあるように、商店街にもシンボルが必要となる。それが、街灯であったり、街路樹であったりしたわけである。

以上からわかるように、「商店街」という理念は、零細小売店を単に保護する以上の意味を持っていた。商店街の整備は、地域社会に専門店をつくりだし、かつ、地域社会の生活を支える「組織体」をつくることを意味した。それは、地域住民の新しい生活インフラの実現であった。

（＊43）東洋経済新報社編、一九三六、『百貨店対中小商業問題』東洋経済新報社、二八‐九頁、傍点は筆者。
（＊44）谷口吉彦、一九三五、「商店街に就いて」『商業經濟研究』（四）京都帝国大学経済学部商業経済研究室、一頁。

*〝最新型〟としての商店街

こうして見ると、「商店街」という理念が、百貨店、協同組合、公設市場の要素を取り入れて形成されたことがわかる。

「横の百貨店」というフレーズからわかるように、商店街が百貨店から大きな影響を受けていることは明白だった。また、商店街の組織化にあたって参考とされたのが協同組合の考え方であった。当時、商店街を組織化するにあたっての根拠法は商業組合法であったが、その名の通り、小売店どうしの協同組合だった。また、地域住民に物資を滞りなく供給するという商店街の社会的役割は、米騒動以降に設置が進んだ公設市場の要素が取り入れられていた。

こうして見ると、商店街は、当時の小売業の最新型の要素が取り入れられたハイブリッドな形態であったことがわかる。そして、当時の商業学者たちは、この最新型の小売モデルを全国にひろげようとして、行政担当者などと連携してさまざまな施策を打っていたわけである。

2-4 二つの商店街――「繁華街」の商店街と「地元」の商店街

以上の経緯により「商店街」という理念が形成されたが、ただ、そうした理念が現実のものとなるにあたって問題になることが一つあった。それは、どの地域で商店街をつくりあげるのか、という問題である。それは論者によって想定する地域が異なっていた。

たとえば、当時の代表的な商業学者たちは、商店街地域として、繁華街を想定していた。当時の商業学者たちが中心となって一九三五（昭和一〇）年におこなわれた全国八七都市の商店街調査では、人口一〇万の都市で二つほどの商店街、二〇万～三〇万人の都市に四つ、五つほど、人口一〇〇万の都市では七～一〇くらいが想定されていた。こうした商店街のわずかな数からわかるように、商店街は、住宅地の近傍ではなく、あくまで繁華街に存在するものとされた。

だが、こうした商店街の捉え方だと、零細小売商の過剰さという問題は解決しなかった。というのも、小売商の多くは、食料品や日用品を取り扱っており、それらが繁華街にあるとは限らなかったからである。しかし、当時の商業学者たちは、商店街と言ったとき、繁華街をイメージしていた。そして、繁華街を百貨店のような娯楽的空間に置き換えようとしていたのである。

こうしたなか、「生活業態」を中心に商店街を構想しなおしたのが、社会学者の奥井復太郎である。
奥井が言うには、これまで商店街は繁華街にしかないものだった。だが、今日の繁華街の商店街は、以前にもまして、多くの機能を持つようになった。交通機関の発展は、各地から繁華街に人をひきつけるようになり、今まで以上に多様な商品と娯楽が提供されるようになった。また、都市住民も、商店街をたんなる買い物をする場所というよりも、都会的な空気と色彩と刺激を体験できる場所として感じるようになった。そうなると、繁華街の商店街で、あえて生活必需品を購入する意味は薄れる。

本来の商店街は、米・味噌・醤油・酒・油・粉等あるいは普通の野菜肉類を売る店を主軸として成るものでは無い。これらの商品は、御用聞き、配達の制度で充分間に合って行く。その代り、一部落なり、一居住地域の内には、必ずこれらのものを取扱う商店が手近かな所になければならぬ。(＊45)

要するにこういうことである。繁華街の商店街は大きく変化し、生活必需品の消費の場とは言えなくなった。

それに、生活必需品が繁華街の商店街にしかないならば、わざわざ交通機関を使って、生活必需品を買いに行かないといけなくなる。だが、「一般の人々にとってこれは頗《すこぶ》る苦痛であり負担である」(＊46)。

だからこそ、繁華街以外の手近な場所で、商店街が必要となる。それも「歩いて行っても十分か十五位で到着出来るところ」にその中心がほしいと奥井は言う(＊47)。

しかし、そうは言っても、人々は繁華街の中央商店街やデパートを利用しがちである。そこで奥井が提案するのは、繁華街とは異なる「地元的中心」の商店街である。少々長くなるが奥井の論を引用しておこう。

（略）商店街において吸引するにたる力と魅力とを持たねばならぬ。反対に居住者も徒《いたず》らに中央商店街またはデパートを利用する性癖を改めても然《し》かる可《べ》きである。居住者と商店との関係の最も緊密なるものは消費組合の場合を第一とし、次いで公設市場を第二とする。普通商店の場合は、商品の性質にもよるがこれに次ぐであろう。故に商店街と附近在住者との関係は、消費組合や公設市場のソレの如くであって欲しいのである。

（略）要するに、かかる諸方面に亘《わた》る深甚の考慮と設計と施設を以《も》って理想的な地元的集団組合が組織立てられるならば在住者の出来るだけ多くの生活諸相が地元で最も愉快に快適に行われる様になるであろう。（略）かく考えて見れば商店街、既に今日そういう地元的中心としての機能を蔵しながら成立している商店街の社会的意義が頗る重大である事は言を俟《また》ぬところで将来に向ってさらにこれを高揚せしめる必要ある事も容易に首肯出来るであろう。(＊48)

奥井の立場は、商店街を繁華街に形成すべきとしていた当時の商業学者たちの立場を認めつつも、それにくわえて、生活必需品を扱う「地元商店街」の必要性を説くというものであった。そして、彼はこのように言うのである。それは「消費組合や公設市場のソレの如くであって欲しい」と。

商業学者たちは、「商店街」という理念を形成するにあたって中心的役割を果たした。だが、彼らの商店街は、あくまで繁華街をイメージしていた。それに対して、奥井は、こうした繁華街の商店街イメージをひろげて、生活インフラとしての「地元商店街」を提示した。商業学者たちによって形成された「商店街」という理念は、奥井を介することで、「繁華街」と「地元」という二つの立地を獲得したのである。

（＊45）奥井復太郎、一九三八、「商店街の等級（商店街研究の二）」『財政経済時報』二五（一二）、六三頁。

（＊46）奥井復太郎、一九三八、「商店街成立の過程（商店街研究の一）」『財政経済時報』二五（一一）、五〇頁。

（＊47）奥井復太郎、一九三八、「商店街成立の過程（商店街研究の一）」『財政経済時報』二五（一一）、五〇頁。

（＊48）奥井復太郎、一九三九、「商店街の意義（商店街研究の十・完）」『財政経済時報』二六（一〇）、六六-七頁。

＊「地元商店街」を制度的に支えた距離制限

奥井は、「商店街」という理念を肉づけするために、「繁華街」と「地元」を区分し、とくに後者の生活インフラとしての商店街の意義を強調した。

ただ、奥井が論じた生活インフラとしての「地元商店街」であるが、何の文脈もなく彼が思いついたわけではない。奥井が生活インフラとしての「地元商店街」という認識を得たのは、一九三〇年代後半からの行政による小売規制の流れがあった。具体的には、免許制と距離制限の動きである。この免許制と距離制限の動きが、「地元商店街」の内実をつくっていった。

わたしたちは、零細小売業というと、国家による規制があったと考えるかもしれない。しかし、商業学者の本間幸作が一九三九（昭和一四）年に証言するように、一九三五（昭和一〇）年以前までは、経営に失敗した業者は自然消滅するのは仕方がないという自由主義の思潮が強く、組合による自治的統制の実施すらも難しい状況であった。

同業者のあいだで業者を制限するという動きも、一九二九（昭和四）年の書籍商の距離制限（計画配置）がもっとも早い実施例であったが、こうした同業者のなかでの自主的な取り組みに対して当時の商工審議会は「こういうことが始まりますと、お互いが既得権を握っておってどれだけの距離がなければならぬかというような事を銘々の組合がやり出しはしないか」と懸念を表明していた。[＊49]

また、零細小売商の団体は、一九三〇（昭和五）年ごろから、百貨店の新設や拡張を規制する百貨店法の制定を、政府や商工省にいくたびも陳情していたが、制定にいたることはなかった。[＊50]

それだけ経済的な自由主義の考えが強かったわけだが、一九三五（昭和一〇）年ごろから風向きが変わる。小売業者の自治的な制限が増えはじめ、同年八月には、東京だけで青果商・白米商・生花商・蓄音機商・雑誌商・書籍商・履物商・金物商・自転車商・靴商・写真材料商の一一もの組合が自治的に業者の制限をはじめた。こうした変化が起きた一因は、一九三二（昭和七）年の商業組合法の施行により、小売商の自治組織の法的基盤が確立されたことにあった。

そして、一九三〇年代に進んだ自治的な統制は、時をおかずして、官の統制へと拡大する。一九三七（昭和一二）年には、零細小売商が長らく要望していた百貨店法が制定され、百貨店の開業、支店・出張所などの設置、売場面積の拡張、出張販売などが許可制となった。(*51) それまでの経済統制に対する忌避を考えると、変化の加速ぶりは特筆するものがある。

では、官の統制はどのような理由から生じたのか。

一つのきっかけは、満州事変をきっかけとした戦線の拡大である。物資を戦地に送るため、計画経済体制の確立が問題となった。こうした社会全体の計画化のなかで、小売業の統制が正当化される。

それにくわえて重要だったのが、大蔵省（現、財務省）が小売商の規制に乗り出したことだった。

当時、小売業を管轄するのは、制度上は商工省（現、経済産業省）だった。しかし、大蔵省が、一九三八（昭和一三）年に、「酒類販売免許制」という強い規制を実施する。こうした規制を実施したのは、零細の酒販店がこれ以上増加してしまうと酒販店の倒産が相次ぎ、

その結果酒造業の税納入に支障が出るかもしれないと危惧したからである。(＊52)

明治期以来、日本政府は、くりかえし酒税の増税をおこなった。なぜかといえば、当時の酒税収入は、所得税よりも多く、それを首尾よく回収することが、国家の重大事だったからだ。(＊53) 満州事変に端を発する財政の逼迫《ひっぱく》状況は、大蔵省の酒税確保の動きを強め、それまでタブーであった官による酒販店の統制と相成ったわけである。

こうした酒販業の免許制を、商業学者や小売業者が受け入れたのは、総力戦体制という背景を抜きにして考えることはできない。戦争という物資不足という事態を乗り越えて営業をおこなうためには免許制を受け入れる以外の選択肢はないと、彼らは考えたわけである。(＊54)

その後、小売業の強制転廃業という統制が打ち出される。こうした強い統制に対して、商業学者や小売業者は、それを押し返す論理はもはや持っていなかった。それどころか、この時期は、こうした統制によって、生活インフラとしての「地元商店街」が具現化していく。

このときにおこなわれた施策は次のようなものだった。

「①個人事業態を存続させる。②取り扱い金額等の実績よりも、転業の難易、店舗の位置、分布を勘案する。③生活必需品については配給担当区域を一～二町内会（部落会）とし、同種店舗二《(ママ)》を配置する。④買回品については配給担当区域は設けず現在の店舗配置状況から適

切な整理を行う」というものである。(＊55)

こうした、あくまでも個人事業主を存続させつつ、それらを適切に地域ごとに割り振るという動きは、奥井のいう「地元商店街」を早いスピードで実現していく。それこそが一九四〇年代における総力戦体制のインパクトであった。

つまり、一九四〇年代は、小売業の転廃業と免許制・距離制限が実施されたことで、一定の地域（繁華街ではなく住宅地）に酒屋・米穀店などが一軒ずつとなった。こうして地域の消費空間がつくられる。それは、生活インフラの場としての「地元商店街」の制度化であった。

だが、生活インフラとしての商店街がひろがるきっかけがあくまで総力戦体制だったことは、注意しておく必要がある。当時、「商店街」という理念が萌芽的に生まれていたにもかかわらず、その理念とは独立して商店街が社会的にひろがってしまったからである。

（＊49）本間幸作、一九三九、「小売業の免許制を論ず」『一橋論叢』四（五）、四四六頁。
（＊50）通商産業省編、一九八〇、『商工政策史　第七巻　内国商業』商工政策史刊行会、二〇〇頁。
（＊51）通商産業省編、一九八〇、『商工政策史　第七巻　内国商業』商工政策史刊行会、二二二頁。
（＊52）小島健司、二〇〇〇、「取引慣行の生成過程――麦酒産業の事例」『国民経済雑誌』一八二（四）、二一頁。

（＊53）藤原隆男、一九八一、「日清戦後の増税と酒造業」岩手大学人文社会科学部アジア（日本学）研究室編『歴史と文化』岩手大学人文社会科学部。

（＊54）風呂勉、二〇〇一、「昭和初期小売免許制問題——マルサシアン・デマンドの顛末」『大阪学院大学流通・経営学論集』二七（二）、一〇頁。

（＊55）風呂勉、二〇〇一、「昭和初期小売免許制問題——マルサシアン・デマンドの顛末」『大阪学院大学流通・経営学論集』二七（二）、一四頁。

＊商店街の形成プロセスがはらんでいた問題

以上、「商店街という理念」の胎動の瞬間を見ていったが、今までの記述からわかるように、その理念は、たんに力をもたない零細小売商を行政が保護するというに留まらない内容をもっていた。

「商店街」という理念には、個々の小売業者を専門店化し、それを地域ごとに束ねることで、高い消費空間を提供しようという明確な目的があった。また、その空間に娯楽性を付与することで、コミュニティの人々がそこに気軽に集まりうる空間に仕立てようとする意図もあった。それは、商店街という空間をとおして、新しい公共性の基盤をつくりあげる試みだった。

そのうえで社会学者の奥井復太郎は、「商店街」という理念を、繁華街だけでなく、住宅街の近傍地域にひろげようとした。わたしたちが商店街と聞いて想像するのは、中心街のものだけではないだろう。住宅街のなかにある一〇軒程度の商店街もイメージとしてあるはずである。住宅街のなかにある商店街――生活必需品の販売が中心である商店街――、それが、この時期に構想されたのである。

このように、商店街は、伝統的な存在と見なすことはできない。スーパーマーケットやショッピングモールが「新しい」存在である一方で、商店街が「古い」存在と見なされることがあるが、実際のところ商店街は、二〇世紀の社会変動にあわせて創られた「新しい」存在であった。また、注意すべきは、商店街という考えが、百貨店などと同じ時期に出てきて、その要素を取り入れて形成されたことだ。

ただ、こうした商店街の形成プロセスは、戦後になって、多くの人に忘却された。商店街を形成する零細小売商は、自民党の保守政治とむすびつくことで、既得権を固守しようとする「地域ボス」としてふるまう存在であると見なされた。

その忘却のプロセスを以下の章で見ていくことにしよう。

第3章　商店街の安定期（一九四六〜一九七三）
――「両翼の安定」の成立

3-1 爛熟する商店街

本章では、戦後期において、「商店街」という理念が忘却されつつ、商店街が増殖するという矛盾に満ちたプロセスを追う。

第二次世界大戦後は、物価の高騰や闇物資の流通によって商秩序は混乱していた。都市には零細小売商が再びあふれかえった。こうした商秩序の混乱は、主婦による消費者運動をひきおこした。だが、小売商と主婦層の対立は、じつは擬似的なものだった。というのも、両者の動きとも、製造業を中心とした経済成長を目指すという意味でコインの両面に過ぎなかったからである。

どういうことか。あらかじめ結論を述べておくと、小売商と対立していた主婦運動は、家庭内の倹約を進めたのだが、その資金は、じつは製造業の設備投資に流れていた。そのことを政府側もよく理解していた。じっさい、政府は主婦運動を推進していた。

その一方で、主婦運動と対立していた小売商に対して、日本政府は、規制による保護をおこなった。なぜならば、若い離農者たちが第三次産業に野放図に流れ込まないようにすること、裏返せば、安価で良質な若い労働力を第二次産業で計画的に確保できるように誘導するためであった。

要するに、製造業中心の社会設計が優先されたわけである。こうして戦前に構想された「商店街」という理念は社会的に根づかなかった。以降、商店街関連の法整備が続くが、それらも元来の意図が忘れられたままでの制度形成であった。

「商店街」という理念が忘却されつつあったとはいえ、戦後になって商店街が急速に整備されることになった。「平成一九年度　東京都商店街実態調査」によれば、設立時期が「昭和二〇年以前」である商店街はわずか六％であり、多くの商店街は戦後以降の形成である(*56)。なぜこのように戦後になって商店街が形成されたかというと、商店街関係の法整備が矢継ぎ早に進んだからである。とくに、商店街振興組合法の存在が大きかった。かくして、零細小売商は「商店街」の一員として編成され、空間的にも他とは区別されるようになった。

高度成長期が進むなか、日本では「流通革命」という言葉がもてはやされた。レジスターによる販売がおこなわれるようになり、スーパーマーケットという新たな業態が生まれた。しかし、それでも商店街の基盤は掘り崩されなかった。むしろ、スーパーマーケットとの対立によって、かえって商店街の既得権は強まる。それは、小売業を保護することで安価な労働力を製造業に回すという政策意図があったことと、「雇用層＝革新、自営業層＝保守」という枠組みが強かったためである。

本章は、以上のような、矛盾に満ちたまま「両翼の安定」が進行していくプロセスを読み解いていく。

（＊56）東京都産業労働局、二〇〇八、『東京都商店街実態調査報告書』東京都産業労働局。

3-2 経済成長と完全雇用の矛盾

＊零細小売商と主婦との対立

戦後すぐの日本は極度のインフレに苦しんでいた。物資不足にもかかわらず資金供給が大きくふくらんでいたからだった。こうしたモノ不足と物価高のなかで、小売商は主婦層と激しく対立する。しかし、この対立はあくまで擬似的なものだった。まずはこの点を説明しておこう。

第二次大戦で失われた国富は、終戦時価格で約一三四〇億円に上り、それは当時の国富総額の四一・五％であった。また、終戦直後の製造業生産は一九三五（昭和一〇）～三七（昭和一二）年平均の一割以下、鉱工業生産は一九三五年の二割強の水準に落ちこんだ。

生産が麻痺していたにもかかわらず、資金の供給だけがふくらんだ。公共支出は復員・解雇手当や軍需会社への補償金などで膨張していたし、民間金融機関も軍需生産停止で困窮していた企業への緊急融資をおこなっていた。(＊57) また敗戦による混乱のなかで預貯金の引き出しも相次いでいた。

モノがなくて、カネが大量に出回っているわけだから、当然、猛烈なインフレとなる。政府は、生活必需品に対して公定価格を設定していたが、闇市場ではその三〇～四〇倍で取引された。日本銀行の小売物価指数によれば、一九四五（昭和二〇）年八月の四七五・一は四九（昭和二四）年五月には三七三八六・九へと上昇した。それは七九倍という極端な物価上昇だった。(＊58)

とてつもないインフレであったが、そんななかでも賃金水準は低く抑えられた。企業は、敗戦後の苦境のなかで競争力を少しでも高めるために、賃金を抑えたかったし、政府の意見も同様であった。実際、社会党・民主党の連立内閣であった片山内閣が策定した一九四七（昭和二二）年七月の緊急経済対策は、戦前に比べて物価上昇を六五倍に設定する一方、賃

金上昇の目標を二八倍に抑えるというものだった。(*59)

当たり前の話ではあるが、賃金が上がらなくても、生活必需品は手に入れなければならない。だから人々は仕方なく闇市場から商品を手に入れることになった。

こうした状況に対していち早く声を上げたのが女性たちである。戦後すぐに連合国軍総司令部（GHQ）が実施した婦人解放の流れのなかで、物価の高騰に対する抗議運動がおこなわれた。

とくに目立った活動をしていたのが主婦連合会（主婦連）だった。戦後すぐに、行政から配給された燃えない粗悪なマッチを持ち寄って、役所に抗議して良質のマッチと取替えさせる「不良マッチ退治運動」が起きたが、それをきっかけに一九四八（昭和二三）年に主婦連が生まれる。おもな活動は、運賃・電気料・銭湯入浴料など種々の値上げ反対運動であった。

主婦連が目の敵としたのがヤミ商人を含めた零細小売商であった。

主婦連は、零細小売商に批判の矛先を向けるなかで「主婦の店」の認定事業をおこなった。主婦連を設立した奥むめおは、品質・衛生面・サービスなど一定の水準をこえている店に対して「主婦の店」の認定をおこない、物価の引き下げを狙った。

この運動は、物価庁が後押ししたこともあって四七万人が投票に参加し、実際に八五七店が選ばれて世間の注目をあびた。だが、この運動は、零細小売商へのイジメにつながるとして反発を引き起こして中途で頓挫することになった。

（＊57）戦前の日本政府は、軍需品生産をおこなっていた企業に対する損失補償を約していたが、占領軍はこれを一九四六（昭和二一）年七月に打ち切り、軍需生産各社は経営が成り立たなくなった。また、この補償の打ち切りによって、生産各社に融資していた金融機関も立ちゆかなくなり、経済は混乱を深めることになった。（中村隆英、一九九三、『日本経済――その成長と構造（第三版）』東京大学出版会、一四七‐八頁）

（＊58）高木信二・永井敏彦・河口晶彦・嶋倉収一、一九九四、「戦後インフレーションとドッジ安定化政策――戦後期物価変動の計量分析――」『フィナンシャル・レビュー』三三号、大蔵省財政金融研究所、二頁。

（＊59）中村隆英、一九九三、『日本経済――その成長と構造（第三版）』東京大学出版会、一五〇頁。

＊貯蓄推進運動と経済成長

以上の動きを見れば、主婦たちが家庭の生活を防衛するために小売商と対立しただけに思うだろう。しかし、主婦と小売商の対立は、日本の近代化の帰趨《きすう》に関わることだった。その点を理解するために、当時、国と主婦連がすすめていた「貯蓄推進運動」について押さえておこう。

貯蓄推進運動とは、その名のとおり、家計の貯蓄を増やすという運動のことである。主婦連をリードした奥むめおは、主婦の役割を生活改善に求めていた。主婦は、一家の財布を握り、そして生活のあり方を見なおすことで、一家浪費を防ぐ。そうした生活の改善が貯蓄へとつながり、ひいてはその貯蓄を用いて、持ち家や耐久消費財の購入ができる。つまり、主婦の倹約は、家族だけの問題にとどまらず、日本全体の生活改善と内需拡大にも貢献しているというわけだ。

主婦たちによる貯蓄推進運動は、政府にとって重大な関心事であった。敗戦まもない日本は、赤字財政が続いており、各企業も生産設備を一挙に失うなど、行政・企業部門の投資余力が極端に落ちていた。また、貿易収支が赤字だったこともあり、輸入をいかに抑制するかということに関心が集まっていた。政府・日銀は、主婦が積極的に倹約・貯蓄することで、輸入を抑制し、その資金を元手にインフラ整備や企業への貸付をおこなうことを目論んだ。主婦による貯蓄推進は、戦後の疲弊した日本経済を復興するための切り札だったのだ。

こうした理由もあり、奥むめおが主導する主婦運動は、政府の強い後押しを受けていた。実際、「主婦の店」の選定作業は、物価庁から資金を調達してもらうなど、行政との強力な連携関係があった。だから、主婦運動は、単なる生活防衛主義という意味合いをこえていた。

それは、第二次産業を基盤とした経済成長のために、必要不可欠な手段だったのである。

＊完全雇用をいかに実現するか

だが、注意すべきは、当時の日本が進めるべき近代化の目標が、製造業中心の経済成長だけではなかったことだ。もう一つの目標は完全雇用の実現だった。

完全雇用とは、現行の賃金水準で働きたいと思っている人のすべてが職に就《つ》いている状況である。今でも完全雇用は重要な国家目標として位置づけられているが、当時は今以上に重要な課題だった。というのも、第二次大戦という破局が、一九二九年の世界大恐慌による失業者の増大にあったことが明白だったからだ。(＊60) 完全雇用の実現は、二度の大戦を経験した先進国にとって、惨劇を繰り返さないための大切な約束事だった。(＊61)

だが、当時の日本は、完全雇用を実現するにあたって、大きく二つの社会的制約を抱えていた。

第一の制約は、労働力人口の急増である。労働力人口が急増していたのには以下の理由があった。

①敗戦後、戦地からの引き揚げ者が大量に労働市場に流入していたこと。

②農地改革によって自営農民が急増したが、耕地が細分化されたため、農業経営の参画者が長男だけに限られ、農村の二男三男が労働市場に大量に参入したこと。

以上の二点である。当時、製造業が計画通りに成長したとしても、引き揚げ者と離農者という巨大な労働力人口を吸収するのは難しいと考えられていた。(*62)

第二の制約は、国際競争力を高めるために、第二次産業の雇用が抑制されていたことである。

戦後まもない日本は、朝鮮戦争(一九五〇～五三年)で工業生産を急速に回復させていたが、第二次産業の雇用は増えなかった。

昭和二九年度の「年次経済報告」(経済白書)によれば、朝鮮戦争後の四年間で、鉱工業の生産は約九割上昇したが、雇用の増加はわずかに四%だった。

なぜ、第二次産業の雇用が増えなかったのか。当時の経済白書では、その理由を労働生産性の向上という点から読み解いている。

経済白書は以下のような説明をおこなった。いわく、日本の製造業は、工業原料の多くを海外に依存している。また、技術面でも、国内市場の貧弱さという点でも、他の先進諸国よりも不利な立場に置かれている。こうしたなかで輸出を拡大するためには、低賃金で高い質をもった労働者をつくることが必要である。つまり、雇用の増加率よりも、生産の増加率を高めていく必要があるというわけだ。以上の理屈から、第二次産業で、生産が増大する割に雇用が増えていないのだ、そう経済白書では説明された。

こうした二つの制約があるなかで、完全雇用の実現にはどのような手段が考えられたのか。日本政府は、一九五五（昭和三〇）年一二月に、初の政府公認の長期計画である「経済自立五ヵ年計画」（経済企画庁立案）を閣議決定した。この長期計画は、完全雇用を目標に定めるものだったが、その実現のためには、労働力人口の抑制が必要であるというものだった。具体的には、①海外移民の促進、②家族計画による出産数の抑制、③社会保障による女性・高齢者の非労働力化、である。

だが、移民や家族計画だけでは、あり余る労働力への対処として不充分だった。そこで注目されたのが、第三次産業で労働力を吸収することだった。

具体的には、計画期間（一九五四年～六〇年）で予想される五〇四万人の就業者増のうち、第三次産業に約五三％（二六七万人）を吸収させる計画が立てられた。

とはいえ、こうした完全雇用に重きが置かれた経済計画には批判の声も強かった。それは次のような批判だった。第三次産業は、低収入の事業者や家族労働者が多い。こうした人々は、統計的には失業者ではないが、失業者に近い存在（学術的には「潜在的失業者」とよばれる）である。今でいうところのワーキングプアのようなものである。こうなると、第二次産業と第三次産業との生産性が乖離《かいり》して、二重構造の問題がより一層深刻になるだけだ、というわけである。(*63)

こうした意見に対して、与野党、政策担当者とも、第三次産業の二つの「遅れ」――低生産性と家族経営――に何らかの対策をほどこすべきであるという点で意見の一致を見た。

じっさい、政府は、第三次産業の就業者の増加を見込みつつも、一方で、第三次産業の改善のための政策と規制を検討しはじめる。

小売業についていうと、規制と近代化（商店街の整備や規模の拡大）を進めることで、第三次産業の生産性を高めようとした。

現在の視点から見ると、第三次産業の規制は、完全雇用の実現と齟齬《そご》をきたす可能性があった。というのも、第三次産業の規制をはじめれば、その分だけ第三次産業への流入者は制限され、完全雇用の実現が危うくなる可能性があるからだ。

しかしながら、こうした矛盾含みの政策をおこなっても、結局、問題は生じなかった。というのも、奇跡的な高度成長により、当初の計画よりも、雇用が急速に伸びたからである。

「経済自立五ヵ年計画」では、経済成長率を年平均五％と見込んでいたが、実際は、年平均九・一％（実質ベース）と、計画を大きく上回った。そのため、第二次産業は一三八万人の雇用増という計画に対し、実際は三〇一万人も雇用を伸ばし、第三次産業は一三一万人の増加計画に対して、三四四万も雇用者が増加したのである。一方で、第一次産業の就業者は、増加するという計画に対して実際は減少に転じた。(*64)

この結果、①製造業の国際競争力を高め、②第三次産業を保護し、③完全雇用を実現する、という本来であれば両立困難な目標がすべて実現してしまった。(*65)

このように、零細小売商の保護政策は、二重構造の解消という文脈から進んだが、その結果薄れてしまったのが、戦前の「商店街」という理念であった。高度成長を実現するために実施された零細小売商の保護施策は、高度成長の終了とともに、その正当性が問われることになる。

さて、次節では、具体的に零細小売商の保護施策がいかなるプロセスで実現していったかを見ていこう。

（＊60）世界大恐慌期のピーク時でアメリカが二五％、ドイツが四四％の失業率だった。

（＊61）実際、国連の経済社会理事会では一九五〇年に「完全雇用に関する決議」をおこない、加盟国に対する指導がおこなわれた。（浅井良夫、二〇〇〇、『経済自立五ヵ年計画』の成立（5）」『成城大學經濟研究』（150）成城大学、五五‐八八頁）

（＊62）加瀬和俊、一九九七、『集団就職の時代――高度成長のにない手たち』青木書店。

（＊63）浅井良夫、二〇〇〇、「『経済自立五ヵ年計画』の成立（5）」『成城大學經濟研究』（150）成城大学、五五‐八八頁。

（＊64）浅井良夫、二〇〇〇、「『経済自立五ヵ年計画』の成立（5）」『成城大學經濟研究』（150）成城大学、五五‐八八頁。

（＊65）完全雇用が実現した背景に、専業主婦化が進んだことによる女性の労働市場からの退出もあった。

3‐3　小売商の保護施策

戦後まもなくから、零細小売商は行政に対して規制・保護を求めていた。その背景には、戦後の混乱のなかで、零細小売商が爆発的に増加したことがあった。

まず、零細小売商が要求したのが、百貨店法の復活である。戦前の百貨店法は一九三七（昭和一二）年に施行されたが、GHQは、経済的な自由を制限することに慎重だった。また、百貨店に対する規制をおこなうにしても、個別の法律に頼るのではなく、独占禁止法で一元的におこなうべきであるとして、ＧＨＱは百貨店法を廃止させた。(＊66)だが、サンフランシスコ講和条約により日本の主権が回復したことで、百貨店法の復活を求める声が大きくなる。こうした背景には、百貨店業界が他の産業にくらべて敗戦のダメージからの立ち直りが早かったことがあった。

日本百貨店協会の資料によれば、一九四八（昭和二三）年の百貨店業界は、販売高は約二七二億円だったが、わずか七年後の五五（昭和三〇）年には、販売高が約二〇一九億円と、急速な成長を遂げた。

こうしたなか日本社会党が一九五五年に百貨店法を提案し、その一年後の一九五六（昭和三一）年には政府提案による新百貨店法が成立した。日本社会党は、都市勤労者層の代弁者と理解されるが、この時期、零細小売業者の利害を積極的に主張していた。

新百貨店法の内容は、一定規模以上の百貨店の新増設を許可制にするとともに、営業時間や休日の設定に規制を加えるものだった。この規制が零細小売商の保護であったことは言うまでもない。

（＊66）衆議院、商業委員会九号、一九四七（昭和二二）年九月二三日。

＊中小企業団体法の制定

新百貨店法の成立で勢いづいた零細小売商は、さらなる規制と保護を求める。

零細小売商をはじめとした自営業者たちは、日産コンツェルンの創設者である鮎川義介を総裁にして、一九五六（昭和三一）年に「中小企業政治連盟（中政連）」なる圧力団体をつくった。この圧力団体は、五五年体制（左右社会党の統一と自民党の結成）と時を同じくして結成されたが、それから一年後の一九五七（昭和三二）年末までに、全国二〇八都市に支部が設けられるほど、急速に組織化を進めた。

中政連がまず目標に定めたのは、「中小企業団体法」（正式名、中小企業団体の組織に関する法律）の成立であった。

中小企業団体法は、中小企業を不況から保護するため、同業や同一地域を単位とした商工組合に一定の権限を認めるものだった。この法律では、不況時には、商工組合に価格や販売方法のカルテルを一定程度認めるとともに、大企業に商工組合との交渉を義務づけた。

また、同一地域で四分の三以上の事業者が組合に参加している場合、監督官庁が、組合未加入のアウトサイダー業者に対して、組合加入を強制させることができるという規定も設けた。

中小企業団体法によって中小企業の権益が急速に強くなるため、主婦連・日本生活協同組合連合会（日生協）は反対の声をあげた。中小企業の保護は物価上昇につながると考えたからである。この法律への反対運動は多様な層を巻き込み、最終的には、全国規模での消費者団体である消費者団体連絡会の設立につながった。

中小企業団体法の是非は、戦後知識人・世論を巻き込み、大きな社会問題となった。最終的には、日本労働組合総評議会（総評）をはじめとした労働組合陣営もこの問題に乗り出し、保守と革新の対立という様相を呈することになった。

さらに、同法案が職業選択の自由を奪うものであるとして、全国消費者団体連絡会が、東京地裁に憲法違反で訴えるという動きまであった（「消費者保護法つくれ」『朝日新聞』一九五七年一〇月三〇日）。

ただ、中小企業の問題は根が深かった。中小企業層は各政党にとって敵に回したくない有力な集票層だった。だからといって、主婦たちを中心とした消費者運動を否定することも選挙に影響を及ぼすし、貯蓄を活用した製造業育成やインフラ整備も進まなくなる。このように複雑に利害関係が絡むなかで、法案審議は難航を極めた。

とりわけ混乱したのが日本社会党であった。日本社会党は当初中小企業団体法に賛成だったが、経済団体連合会、日本百貨店協会などの大企業団体、主婦連などの消費者団体、総評や新産別（全国産業別労働組合連合）など労働組合の中央組織からの強い圧力もあって、その後反対に回った。(*67) 結局、日本社会党は自民党に譲歩を迫りつつも、中小企業団体法に賛成することになった（一九五七年に成立）。

この法案の成立の過程で、都市勤労者層（主婦層）と自営業層の対立がクローズアップされた。この対立は、保守と革新のイデオロギーから理解されることが多いが、日本の近代化の文脈から理解する方がよい。

すでに論じたように、当時は第二次産業の国際競争力を高めることで経済成長をはかることが国家目標だった。しかし、それは第二次産業の雇用増を抑制するものだったため、もう一方の国家目標だった完全雇用と矛盾していた。この矛盾を乗り越えるために模索されたのが第三次産業の雇用増であった。零細小売商はその方針に反発し、保護施策の必要性を説いた。その結果、第三次産業の保護が進んだが、それに対して反発したのが勤労者層・主婦層だった。

つまり、勤労者層・主婦層と零細小売商との対立は、経済成長と完全雇用のきしみによって生じたものだった。それは、日本の近代化過程のきしみと言い換えてもよい。

以上のように考えれば、戦後進んだ零細小売商の保護は、「商店街」という理念にもとづくというよりも、戦後の近代化によって成立したものであることがわかる。


（＊67）「中企団体法と消費者の利益」『読売新聞』一九五七年一一月七日朝刊。

＊小売商業調整特別措置法の制定

中小企業団体法が制定された後も、零細小売商は、行政に対して、保護や規制を求めた。というのも、中小企業団体法だけでは、経営上の困難さが解消しないと零細小売商は考えたからである。

先に述べたように、中小企業団体法は、不況時に限り、価格や販売方法のカルテルを実行できるとともに、大企業との交渉をおこなうことができるという法律だった。しかし、零細小売商の場合、数多くの商品を販売しているため、価格や販売方法のカルテルをおこなうことは難しかった。また、当時の零細小売商は、大企業だけでなく、生協や購買会（企業が従業員の福利厚生のために設けた小売事業）と対立していたが、中小企業団体法では生協や購買会の動きを止めることはできなかった。

生協や購買会は、構成員だけに商品を販売するのが原則である。しかし、当時の生協や購買会は、構成員以外にも商品を販売していた。これを「員外販売」というが、それが小売商との対立をひきおこした。

こうした対立のなか、一九五九（昭和三四）年に成立したのが小売商業調整特別措置法（商調法）である。この法律は、大企業だけでなく、購買会や生協の事業に対しても、行政による制限が可能となった点に特徴があった。

このように、零細小売商は政治への圧力を強め、それは一定の成果を得た。しかし、それは見方を変えれば、行政主導の保護政策に零細小売商が依存することでもあった。

＊商店街振興組合法

それに加えて重要な法案が一九六〇年代に成立する。それが一九六二（昭和三七）年の商店街振興組合法の施行であった。

この法律は、その名の通り、商店街のメンバーが結成した組合に対して法人格を与えるというものである。

これまでも類似した法律は存在したが、それはあくまで業界団体を中心としており、商店街組織は付随的な位置づけだった。しかし、今回の法案は、地域を単位とした商店街組織に絞って法案化されている点が画期的だった。

一九六二年五月一四日の『読売新聞』（図3）によれば、

> 約二万の商店街組織のうち、中小企業団体法にもとづいた法人は約一四〇〇団体しかなく、ほとんどの商店街は任意団体の「無籍者」だった。任意団体でしかない商店街は、共同設備をつくろうにも、商工組合中央金庫などの政府系金融機関などから融資を受けることができなかったそうだ。
>
> 　この法案の最大のポイントは、法人化というより、政府が必要と認めた場合、補助金が交付されることが明記されたことだった。(＊68)

住宅地の商店街もやがて振興組合と
名称がえとなる（高輪商栄会にて）

図3　『読売新聞』朝刊「どう変わる商店街」（1962年5月14日付）

商店街振興組合法人の事業は、①共同仕入れなどの共同経済事業、②アーケードや駐車場建設などの環境整備事業、の二つが規定されたが、(＊69)この事業に対する政府援助が明記された。たとえば、アーケード建設や商店街地区を再開発する「商店街近代化事業」(＊70)に対して、無利子融資や補助金が交付されることになった。

(＊68) 商店街振興組合法第七九条
(＊69) 商店街振興組合法第一三条
(＊70) 一九六四(昭和三九)年度からはじまった商店街の造成事業のこと。零細小売商が集う既存市街地は、店舗が狭隘かつ古く、また環境面でも、道路幅が狭いなどの問題があった。こうした問題を解決するために、地区内の商店をすべて取っ払い、あたらしい商店街を一から造成するというものである。この事業に対して、国・自治体は、事業資金の五〇％を、無利子融資で貸しつけるサポートをおこなった。このサポートを受けるためには、商店街振興組合などで、地区内の商店が法人としてまとまっている必要があった。

＊零細小売商の近代化とスーパーの登場

こうして零細小売商に対する保護政策が矢継ぎ早に実現したが、それは零細小売商への批判を招くことになった。

高度成長期における零細小売商への批判はおよそ三つに分けることができる。

一つめの批判は政治的なものだった。先ほども論じたように、零細小売商は、近代化によって減少していくはずが、政府による保護によって、その存在が温存されている。こうした保護は、彼らが保守的な存在として政治家に圧力をかけているからである。こうしたことを放置しておくとファシズム化が進展するという見方からの批判だった。

第二に、小売商の「前近代性」を批判する動きも根強かった。それは知識人だけでなく、一般市民もある程度共有していたようである。全日本商店街連合会は、一九六一（昭和三六）年にマスメディア各社に対して商店に対する偏向した見方を是正するよう要望書を出している。それは次のように記されている。

（略）テレビ番組『番頭はんと丁稚どん』（花登筺原作・大村崑主演）などは、前世紀の遺物としての徒弟制度が近代的経営をほこるわれわれ商店街関係店の間であたかも現存しているかのように誇張表現されている結果、〃そんなに辛い仕事なら……〃というのでこのテレビ番組のおかげで商店員の応募者が激減し、新卒者はもちろん学校当局ですらこの番組を引き合いに出して〃丁稚奉公なら……〃というので店員になるのを辞退する向きが続出している現実をはたして政策関係者はご承知でありましょうか。(＊71)

テレビ番組で小売商がゆがめられて伝えられるのは我慢ならない、ということだろうが、その表象のあり方に問題があったというよりも、零細小売商の前近代性がある種の物笑いの対象になっていたことが前述の引用文から伝わる点が興味深い。

（＊71）全日本商店街連合会、一九六一、『一部マス・コミの行き過ぎ是正についての要望書』全日本商店街連合会、一－三頁。

＊流通革命論

第三は、国民生活の観点から、零細小売商の存在の非合理性を批判するものであった。この観点からの批判として代表的なものが、経営学者・林周二による流通革命論であった。(＊72)

林周二によれば、戦後日本は、高度成長によって生産量が増え、消費者のニーズも多様化したが、それらをつなぐ流通組織が弱いままであった。たとえるならば、車の量が増えているにもかかわらず、道路が狭いからといって交通量を制限しているような奇妙な政策を採用していた。

一九六〇年代はじめの日本は、年間販売額が一〇〇万円に達せず、店舗の面積もわずか一五平米に満たない小売業者が、全体の半分以上も占めていた。林が言うには、こうした生産性の低い問屋・小売業者が多いのは、規制が温存されているからである。規制の存在ゆえ、小売業者の方が雇用者よりも楽な暮らしができるというわけだ。

また零細小売商にしても、一つ屋根の下に、店舗部門と住居部門が同居し、店舗会計と家計がどんぶり勘定で混ざり合うような、前近代的な経営スタイルをとっている。こうしたムダな経営のツケを高い商品の購入というかたちで支払わされているのが日本国民である。

林は、こうした状況を打ち破るために、スーパーマーケットの革新性に期待する。スーパーマーケットは、メーカーと直接取引をすることで、流通経路のムダをはぶいている。また、スーパーマーケットは、標準化された商品を大量に入荷することで、高品質の商品を低価格で納入している。また、店員一人ひとりが効率的に配置されているので、その点でも、合理的である。

林は、零細小売商に対する保護を削り、スーパーマーケットの存在感が増すことには、以下の三つのメリットがあるという。

第一のメリットは、消費者が、日常品を廉価で手に入れることができる。第二のメリットは、進取の精神と能力がある小売商に、新しいチャンスを与えることができる。以前であれば、米屋に米だけ、酒屋に酒だけを売らせるという小売の地域独占を許してきたが、それでは、不勉強な商人を増やすだけであり、公共的な観点から許されない。第三のメリットは、スーパーマーケットの登場によって、小売業の合理化が進めば、そこで生じる余剰労働力を、生産性の高い産業——とくに重工業部門——に投入することができる。

林の目的は、小売業の規制をたんに批判するだけでなく、その低生産性を改善することであった。そのため、彼は、小売業の情報化にも関心をもった。

ここでの情報技術とは、レジによる集中的販売・売上管理であった。それまでの販売方法は、各売場で直接販売をおこなっていた。そのため、店員がいつも売場に張りつく必要があった。だが、情報技術が進めば、店員の必要性は大幅に減る。そして、そこで余った人材は、第二次産業に回すことができる。そうすれば、第三次産業のみならず、日本全体の生産性も高まることになる、そう林は考えたわけである。

以上のように、林は、流通・小売セクターの生産性を高めることで、人材をより効率的に使うことができると考えた。だが、わたしたちが知っていることは、小売業の合理化・情報化が進めば進むほど、多くの低賃金労働が小売業で生まれたということだ。この点については後にまたふれることになる。

（＊72）林周二、一九六二、『流通革命――製品・経路および消費者』中公新書。

3-4　価格破壊と商店街

＊中内㓛による「革命」論

林周二の流通革命論は一世を風靡《ふうび》したが、この議論に大きな影響を受けつつ、それをラディカルに読みかえて、事業を拡大していったのがダイエーの中内㓛であった。

よく知られているように、中内㓛は一九五七（昭和三二）年に大阪で「主婦の店ダイエー」を開店したあと、五八（昭和三三）年に神戸・三宮にスーパーチェーンを本格的に立ちあげ、「価格破壊」というキャッチフレーズとともに全国にスーパーマーケットをひろげていった。一九七二（昭和四七）年にはダイエーは三越を抜いて小売業売上高日本一になるなど、中内㓛は革命児の名をほしいままにした。

中内の使命感は、旧態依然とした流通機構を「革命」することだった。ただし、その「革命」観は、林とは違っていた。林は、小売業を、製造業のような高生産性の産業にする使命を抱いていた。一方で中内は、製造業を頂点とした序列を否定するラディカルな考えを持っていた。具体的に言えば、製造業が商品価格の決定権を持っている状況を批判し、消費者に近い小売業者が価格決定権を持つべきだという考えであった。

この考えが明確に示されているのが一九六九（昭和四四）年に出版された『わが安売り哲学』である。この著作は、毛沢東の革命思想を引用しつつ、生産者優位の社会をつくりなおすことを情熱的に語ったという点で、ほかの経営者による類書とは趣を異にしていた。

中内は、この著作のなかで小売業が軽んじられてきたことを執拗に指摘する。いわく、これまでの小売業者は、地域の消費者が要求するモノを用立てるだけにとどまっていた。そして、その役割も、生産者が価値＝価格をつけたものを、そのまま消費者に引き渡すだけにすぎなかった。

だが、商品の価値は、本来小売業の店頭で発生するものである。だから、生産者が力を持っているのはおかしい。今後は、消費者が、自分たちで支払ってもよいと思う価値＝価格を決めるべきである。小売業者の役割は、消費者に代わって、生産者から価値＝価格の決定権を奪い返すことだ、と中内は喝破《かつぱ》した。

そして、彼は、真の「流通革命」を、次のように高らかに宣言する。

現実の世界の中心的存在である価格を破壊することは、現在の社会秩序を破壊しながら新しく創造していくことを意味する。つまり革命である。革命とは天の命による権力者の交代である。現在の流通部門を支配する者は生産者であるが、現状にあきたらず革新をめざす流通業者は、生産者をその権力の座から引きずり落とし、流通支配権を流通業者の手に奪い返すことをめざしている。そして革新的な流通業者は、その背後に目ざめた消費者大衆の支持をうけることによって革命へのプロセスを歩む。これが流通革命である。(＊73)

以上の宣言どおり、中内は大手製造業の支配秩序に対して闘いを挑んだ。

中内のダイエーは、大手製造業と特約店が協力してつくった慣行を打ち破るべく、値引き販売をおこなった。このダイエーの行為は、もちろん大手製造業と特約店の怒りを買った。なかでも強く反発したのが松下電器（現、パナソニック）だった。松下電器は、創業者の松下幸之助の考えもあって、ダイエーへの商品供給を長期にわたって中止するというきびしい措置に出た。

松下幸之助の信念は、商品の値引きをしないことが、メーカー・問屋・特約店の三者の利益につながる、というものであった。

彼によれば、松下の販売力は、全国に点在する中小の特約店があってはじめて成り立つものだった。もし、商品を大量に仕入れる販売店に、仕入れ値を割引くことをおこなえば、経営体力のある特約店とそうでない特約店とのあいだに、格差が生じる。それは、これまで培ってきたメーカーと特約店とのあいだの信頼を損なうことになる。

また、仕入れ値に格差をつけると、当然、山間僻地にいる消費者は、高い電化製品を購入するはめになる。それは、日本全国にひとしく松下の製品を届けるという創業以来の理念を捨てさることになる。

こうして松下幸之助は、販売店格差と地域格差を防ぐという目的から、定価販売の妥当性を訴えた。(*74)

しかし、中内は、松下幸之助の考え方に同意しなかった。彼が従うべき唯一の規範は、消費者の変わらぬ志向――「よい商品をできるだけ安く」――に寄り添うことだった。そして、消費者の志向に応えることができるのは、大手製造業と特約店ではなく、スーパーマーケットであると考えた。中内は、マスメディアや公正取引委員会を巧妙にまきこみ、松下電器など大手製造業がつくりあげた価格統制の非合理性を世に問うた。

松下電器とダイエーの争いは、ダイエー側の勝利に終わった。消費者団体からの抗議もあり、松下電器は、価格統制が公正取引法に違反していることをしぶしぶ認めたのである。とはいえ、両者の対立は後を引きずり、松下電器は、ダイエーに対する商品納入をしばらく拒否しつづけた。(＊75)ともかく、中内の「価格破壊」というキャッチフレーズは、消費者運動とリンクし、スーパーマーケット事業の拡大を後押しした。

（＊73）中内㓛、一九六九→二〇〇七、『わが安売り哲学』千倉書房、三五頁。
（＊74）佐野眞一、一九九八、『カリスマ——中内㓛とダイエーの「戦後」』日経ＢＰ社、第十章。
（＊75）立石泰則、一九八八、『復讐する神話——松下幸之助の昭和史』文藝春秋。

＊零細小売商のスーパー出店反対運動

中内の闘いは、究極的には、商店街の既得権を破壊することだった。

中内によれば、当時の商店街は、国家による保護だけでなく、製造業とのあいだの依存関係によって維持されていた。電機や化粧品の製造業の大手企業は、戦前から零細小売店と特約店契約をむすび、全国各地に販売網を開拓した。そして、製造業は、リベートやグッズの提供といった販売促進の引き替えとして、全国各地にある特約店に対して、定価販売を求めた。

商店街は、酒屋・米屋・たばこ屋といった規制産業に加えて、電器店・化粧品店といった特約店によって成り立っていた。中内㓛は、こうした国家と企業に依存している商店街のあり方を攻撃したわけである。

ただ、こうした中内の運動が、商店街の基盤を完全に掘り崩したのかと言えば、そうとはならなかった。というのも、スーパーマーケットの出店は、商店街の反発をひきおこすというマイナスの効果をもたらしたからである。

また、都市計画の分野でも、商店街は重要視されていた。じっさい、この時期に急速に開発が進む郊外のニュータウン計画でも、商店街の設置は計画段階から盛り込まれていた。たとえば多摩ニュータウンでは、商業エリアとして、高次のサービスを供給する中心地区、中心地区よりも低次のサービスを供給する駅前地区、生活必需品を供給する住区地区が設定され、それぞれで商店街の設置が計画された。

なかでも、もっとも基礎的な商業単位である住区に面した商店街には、人口規模四〇〇〇人から五〇〇〇人単位で設置プランが立てられた。具体的には、三五平方メートル程度の生活必需品店舗が二〇～二五店舗、二五〇平方メートル程度のスーパーマーケットが一店舗計画された。(*76)

ここからわかるように、最先端の都市計画においても、スーパーマーケットと零細小売商の共存が求められた。中内㓛の野望はまちづくりの段階で挫折させられた。

また、次章で述べるように、一九六〇年代から七〇年代にかけてのスーパーの大量出店は、各地で商店街の反対運動も引き起こした。その結果、一九七三（昭和四八）年には大規模小売店舗法（以下、大店法）という、きわめて強い規制が設けられた。大店法は、大規模小売店・中小小売店・消費者のあいだで利益のバランスをはかることを趣旨としていたものの、実際の運用面では、地元商業者の声が強く反映されて、大型小売店の出店に制限がかかった。(*77)

このようにスーパーマーケットが増加した後も、商店街はしぶとく維持されたが、中内の理念は、その後の零細小売商の凋落を予言していた。その点を確認するために、彼が来るべき消費社会の理念であるとした「バリュー主義」をここで確認しておこう。

（略）バリュー主義は、消費者が求めるバリュー（価値）を基礎にする。従来の、そして現在のほとんどの企業はコスト主義で染められている。物の価格を決めるのに、コスト（費用）がいくらかかるから売価をいくらにするというのがコスト主義であり、ここでは消費者は無視されている。バリュー主義では、その商品に消費者が求める価値を基準にして売価が設定され、コストは無視される。（＊78）

ある商品にどれくらいのコストがかかるかは無視してよい、消費者が求める価格こそが唯一絶対の正義である、これが中内のいうバリュー主義である。中内のバリュー主義は、生産者優位社会に対する批判から掲げられた理念であったが、この考えは、コストを切り詰めるためには、販売者の所得を引き下げても仕方がないというものだ。こうした考えは、消費者を優先することで、コミュニティの一員である販売者を切り捨てることにつながる。かくして、中内の「流通革命」と「バリュー主義」は、「商店街」という理念を根底から否定した。

（＊76）日本都市計画学会、一九六六、『多摩ニュータウン開発計画1965――報告書』日本住宅公団。
（＊77）草野厚、一九九二、『大店法――経済規制の構造』日本経済新聞社。
（＊78）中内㓛、一九六九→二〇〇七、『わが安売り哲学』千倉書房、一〇頁。

＊消費者運動

中内㓛が「価格破壊」というフレーズを連呼している時期に注目を浴びていたのがラルフ・ネイダーによる消費者運動だった。

日本でもネイダーの影響力は大きかった。その影響力を受けた運動家である竹内直一は、次のように消費者運動の意義を語る。

これまでの大企業は、生産者優位の社会をつくってきたが、その結果、一般市民は、被害を受けることになった。価格面では、毎年のように物価上昇が生じ、せっかく稼いだ所得が台無しとなった。また、商品の質にしても、企業がつくりだす危険な製品のために、市民の生命が脅威にさらされた。

こうした状況が生まれるのは、消費のために生産がある、との原則を忘却しているからだ、と竹内は言う。本来、経済活動とは、暮らしに必要なものを消費することだった。だが、いまは、生産活動がすべてに優先されている。そして、生産されたものを、いかに消費させるかが考えられる。こうして市民は、企業に利潤を確保させるために、消費がなかば強制されるという状況に追い込まれているという。(＊79)

図4　現金給与総額と消費者物価指数の上昇率の比較

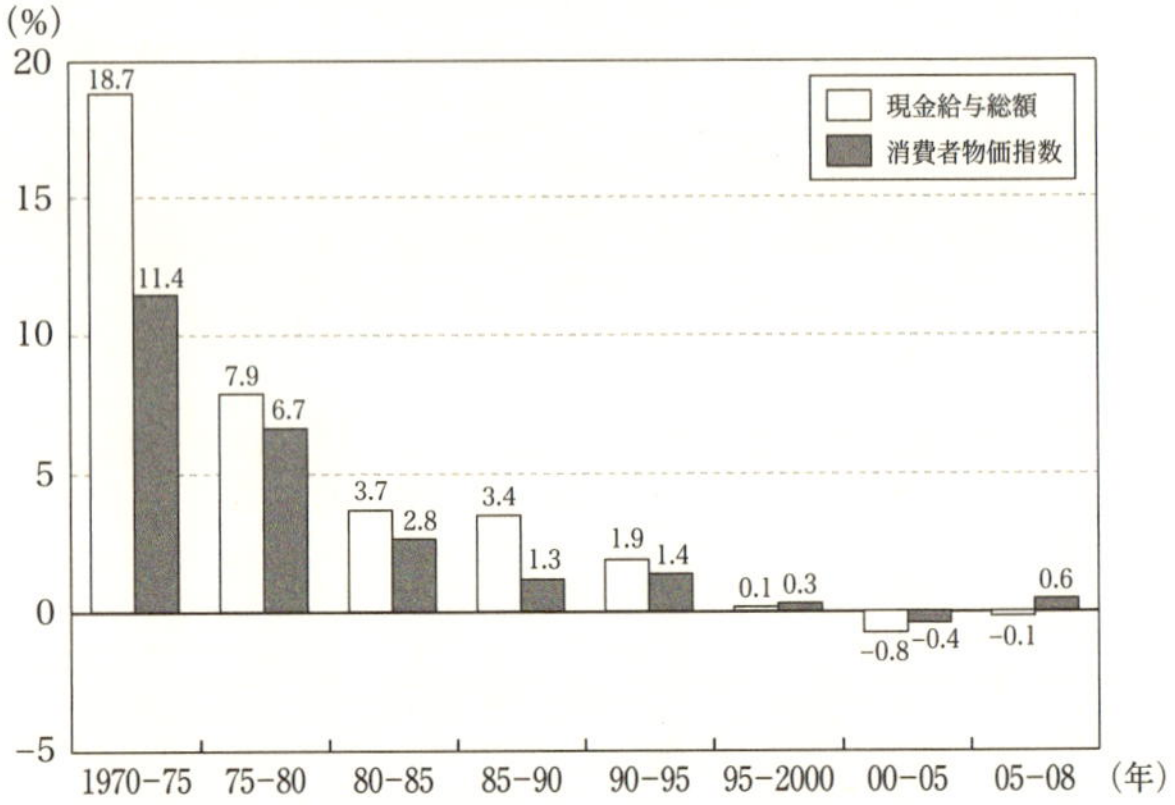

(注) 現金給与総額は、事業所規模30人以上。消費者物価指数は、総合。
出典:『平成21年版　労働経済の分析』

このように消費者運動家も、中内㓛と同じ「消費者主権」というキャッチフレーズを打ち出して、生産者に対して批判の声をあげた。ただ、その批判の声は、最終的には「価格を下げろ」というだけに収斂《しゅうれん》した。

たしかに当時の日本は、物価が毎年上昇していた。だが、それ以上に、所得が急速に増加していた（図4）。だから、物価の上昇を問題にしなくてもよかったはずだが、それでもかれらが価格問題に執着していたのには理由があった。

それは、第三次産業の生産性の問題だった。

昭和四五年度の経済白書によれば、昭和三〇年代の後半（一九六〇年代前半）は、全般的に卸売物価は安定していた一方で、消費者物価が大幅に上昇をつづけた。卸売物価が安定していたのは、第二次産業就業者の平均所得上昇率（昭和三五〜四〇年で一〇・二％）が平均生産性上昇率（同一〇・〇％）とほぼ見合っていたからである。

問題は、第一次産業と第三次産業だった。第一次産業と第三次産業は、生産性が伸びていないのに所得だけが上昇していた。つまり、消費者物価の上昇は、第一次産業と第三次産業の所得を補填するために起きていたというのが当時の経済白書の解釈だった。(＊80)

こうした零細小売商の生産性の低さは、政策担当者にも問題だと認識されていたし、その改善が必要であることもおおむね一致した見解だった。昭和三八年度の経済白書でも次のように零細小売商の問題が言及されている。

現在のような小規模、零細な小売業をそのままにしていたのでは賃金上昇に対処してマージンを節約することは難しい。（略）いわゆるスーパーマーケットなどの大型小売店は人手を節約してサービス競争よりも価格競争を行うことで消費者のし好にマッチして急速に進展してきた。スーパーマーケットは販売効率が普通小売店より約三割高いという事実によって低いマージンで伸びてきたわけである。（略）今後もスーパーマーケットを含め

て小売店の能率向上、流通機構の近代化が物価対策の一面としても重視されねばなるまい。(＊81)
だが、結局のところ、高度成長期は、零細小売商の権益を奪う政策がおこなわれなかった。それはやはり完全雇用(仕事を求めるすべての者に仕事を提供できている状態)の問題だった。そのことは、政府担当者だけでなく、当事者である商店街関係者も認識していたようである。愛知県商店街連盟による文書を引用しておこう。

とくに中企業の存在は、政府の高唱する完全雇用制度実現のため最大の労働市場を提供しており、国民経済上、最大の労働力安定市場となっております。現に大企業は優秀なる大学卒業者を年々採用して不幸にして人生半ばで失業した人々とか、高校卒業者には門戸をとざしている実情であり、こうした社会的に恵まれぬ人々はことごとく中企業がこれを吸収して、その生活を保障している現状であります。(＊82)

この文章では、「中企業」となっているが、商店街連盟の文章であることを踏まえると、ここは零細小売商と解釈した方がよいだろう。彼らがここで言おうとしているのは、完全雇用を戦後日本が実現できているのは、零細小売商をはじめとした中小企業が雇用を吸収しているからであり、もし中小企業への支援をなくしたならば、たちまち日本は雇用不安となる、というものである。

こうした見方は、先ほど示したように、自民党・社会党も共有していた。だからこそ、零細小売商の権益は掘り崩されなかったわけである。また、政権与党の自民党が、ゆるぎない支持基盤を自営業層に頼っていたという事情は当然ながら大きかった。

こうした政治状況に加えて、当時の国家目標が小売商の保護を正当化した面もあった。その国家目標とは、経済成長を最優先の目標に位置づけたうえで、あらゆる産業を有機的にむすびつけるというものである。労働運動、消費者運動、自営業のすべてを調停すること――それが当時の政策担当者の関心事であったのだ。

こうした官僚と政治家による産業調整は、高度成長のもとでの「両翼の安定」を約束したという意味では、エリック・ホブズボームの言うところの「黄金の時代」を確かに支えていた。

だが、各産業をゆるやかに調停し「両翼の安定」をつくりだした論理は、オイルショック以降、急速にその正当性を失うことになる。

（＊79）竹内直一編、一九七二、『消費者運動宣言――一億人が告発者に！』現代評論社。
（＊80）経済企画庁、一九七〇、『昭和四五年　年次経済報告』経済企画庁、第二部第二章。
（＊81）経済企画庁、一九六三、『昭和三八年　年次経済報告』経済企画庁
（＊82）愛知県商店街連盟、一九六三、『愛商連一五年史』愛知県商店街連盟、三八頁。

＊「商店街の黄金時代」からの転回

また、「両翼の安定」をささえた正当性が崩壊した背景に、若年労働力の移動パターンが根本的に変化したことがある。

中卒者の減少は、職業安定所と中学校と企業のトライアングルによっておこなっていた国家規模での人材配置をむずかしくした。一九七五（昭和五〇）年には集団就職がなくなり、農村からの社会移動は、国のコントロールから離れた。(＊83)

また、一九七〇年代の猛烈なまでの人件費の高騰、ならびに一九八〇年代の円高は、日本の労働者の賃金水準を高めた。その結果、良質で低賃金の若年労働力が大量に供給されるという、日本の国際競争力を高めてきた大前提が崩れてしまった。

それにくわえて、離農者たちが、以前のように、都市自営を希望しなくなったことも関係

あるだろう。むしろ、好況時は、中小企業に人が集まらない方が社会的に問題になりはじめた。

こうして、安価で良質な若い労働力をどの産業に流し込むかという問題自体が、意味のないものになった。それよりも、教育などをつうじて人間能力の向上をはかるという人的資本論の考えがひろがる。

こうした認識の背景に、新しい日本のイメージの形成があったことを忘れてはならない。すなわち、日本型経営のなかで働く男性サラリーマンが高い生産性で富を稼ぎだし、その富が零細自営業や農村に分配されているというイメージである。以上のイメージは、いまにいたるまで、日本の社会学者に共有されている。(*84)

そして、くわしくは次章で論じるが、自民党が高度成長を経て包括政党化したことで、都市自営業層の政治的影響力が弱まったことがある。包括政党とは、支持基盤を特定の階級・階層に限定せず、幅広い層からの支持を獲得するために、総花的な政策を掲げる政党のことである。政治学的に言えば、日本では一九七〇年代以降の自民党がそれに当てはまる。

自民党が支持階層をひろげていく一九七〇年代以降、サラリーマン層は、自営業層に対する被害者意識を強めていた。その被害者意識がもっとも明瞭にあらわれたのが「クロヨン問

図5　サラリーマンを「社会的弱者」とした新聞記事
出典：『読売新聞』1972年12月18日付

題」といわれた税問題である。以下の新聞記事でその異議申し立てぶりを確認しておこう。

費用の分担、つまり税負担——その基礎となる所得のとらえ方にクロヨンという言葉がある。同じ個人の税負担でも、業種によってひどい落差があるという評語だ。

クは九。サラリーマンは課税対象となる所得の九割まで、ガラス張り。隠しようがないという意味だ。

ロは六。商店主や工場主など事業所得者の場合は、所得の六割しか課税対象になっていないことを指す。

ヨンは四。農家に至っては、さまざまな抜け道が与えられ、本当の所得の四割しか課税対象になっていない——そういう言葉だ。

力に応じて国の費用を分担するということは、所得の大小に応じて税金を負担するということだ。それが、課税の対象となる所得額そのものを「その算定の仕方」や「掌握の限界」や「特例措置」で、大甘に甘く見積もられている業種があるというなら、正義に反する。それを不正だと非難する大衆の声が、このクロヨンである。（「クロヨン差別徴税」『読売新聞』一九七二年一二月一八日）

この記事に付いている写真の説明文（図5）を見てもわかるように、ここでサラリーマン層は「社会的弱者」と位置づけられている。税問題を切り口に、「社会的弱者であるサラリーマン層」という語り口からの記事が、一九七〇年代から徐々に目立ちはじめる。こうした記事が前提としているのは、自営業層が必要以上の保護を受けている一方で、雇用者層は政治的に圧力をかけるコネクションをもっていない「被害者」であるという図式である。

自民党の圧力政治のなかでサラリーマン層が「被害者」となっているという議論が起きるなか、自民党は、サラリーマン層をターゲットにした政策を打ち出す。その背景にあったのがオイルショック以降の日本的経営礼賛論である。

労使協調路線が日本の強みであることを保守派知識人が言い出し、それにあわせてサラリーマン層、より正確に言えば、男性サラリーマンと専業主婦の家族を前提とした社会保障政策がつくりだされる。そのプロセスのなかで、自営業層に対する政治的配慮は、悪しき圧力政治の代表例として取り扱われる。このあたりの事情については次章でくわしく見ていく。

（＊83）加瀬和俊、一九九七、『集団就職の時代――高度成長のにない手たち』青木書店。
（＊84）後藤道夫、二〇〇六、『戦後思想ヘゲモニーの終焉と新福祉国家構想』旬報社。

第４章　商店街の崩壊期（一九七四〜）
――「両翼の安定」の奈落

4 - 1　コンビニと商店街の凋落

セブン - イレブンが第一号店を出店したのは一九七四（昭和四九）年、オイルショックから一年後のことだった。それから四〇年近くの時がたつが、コンビニは毛細血管のように国土に配置された（図6）。コンビニほど日本のランドスケープを変えた存在はないと思うが、それにしても、なぜこれほどまでにコンビニが増えたのだろうか。

コンビニは、徹底的にコンビニエンス＝「便利」を追求している。それが消費者に支持されたから繁栄の地位を築いたのだ——そう答えたくなるし、それを完全に否定することはできないとわたし自身も思っている。

だが、一つ疑問が残る。便利さは日本社会に限らず追求しているはずである。にもかかわらず、なぜ日本でコンビニがこんなにもひろがったのか。

ここで重要なのは、だれがコンビニを運営していたのか、という点である。コンビニ本部が、各店舗の運営を直接おこなうことは少ない。では、誰がおこなうのか。初期のコンビニは、その多くが元零細小売店によって経営された。

図6　コンビニ店舗数の推移

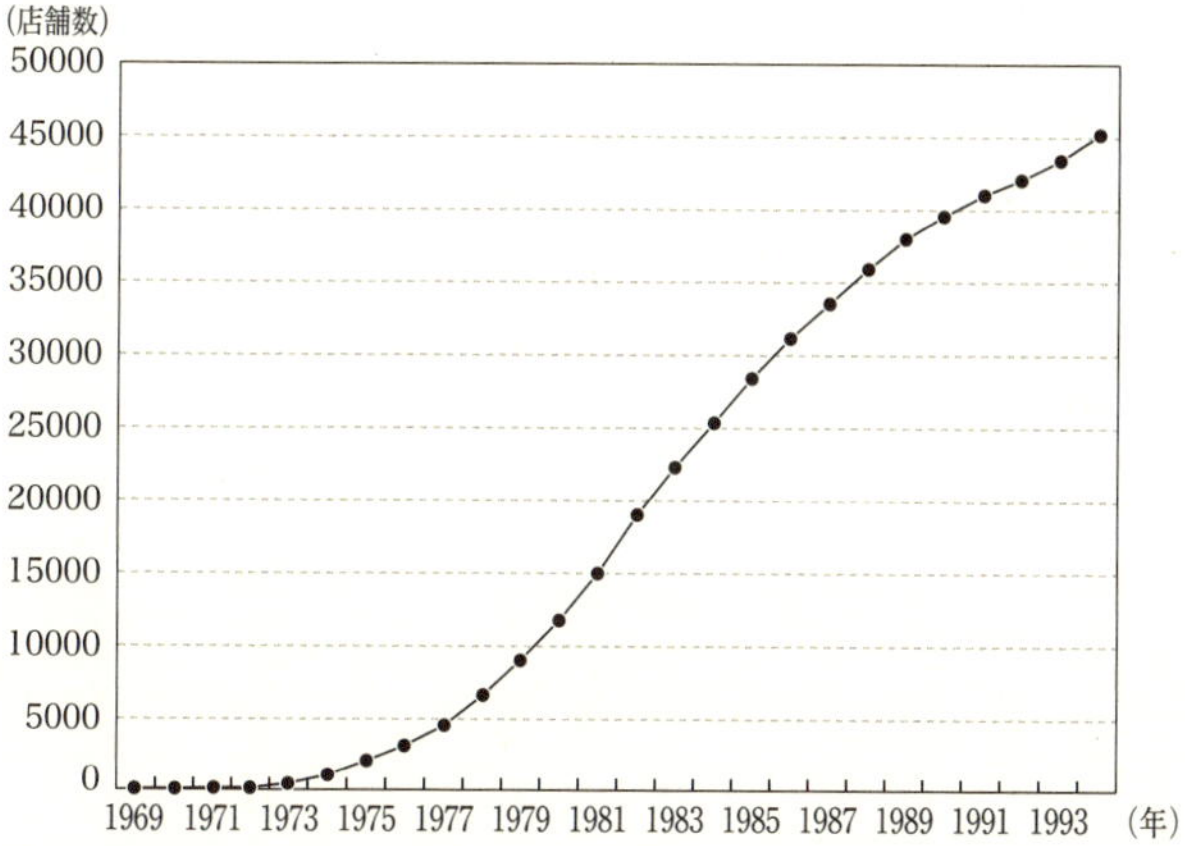

出典:『食品商業』1995年4月別冊

じつは、コンビニは、全国の小売店主の業態転換によって、初期の発展が支えられていたわけである。それにしても、なぜ小売店主が、コンビニに手を出したのか。その一つの理由が、跡継ぎ問題だった。第1章で指摘したように、日本の商店街が抱えていた最大の問題点は、事業の継承性だった。彼らは、商店街をささえつづけることよりも、家族の都合を優先した。その選択としてコンビニが選ばれたわけである。

しかし、コンビニは、商店街を内部から壊すものだった。コンビニは、「商店街」という理念にあった専門店同士の連帯を無視して成り立つ業態であるからだ。

なぜ、こうしたコンビニへの転換が起きた

のか。そして、その転換の意味は何だったのか。オイルショックを契機とした日本の安定イメージの変容とあわせて議論を進めていこう。

4-2 日本型福祉社会論と企業中心主義

*「鉄の三角形」の変容

まず、確認しておきたいのは、オイルショックのもっていたインパクトである。

一九七三（昭和四八）年に起きた第一次オイルショックは、世界史的な事件であった。というのも、第二次大戦後から続いていた先進国の高度成長を終焉に導いたからである。

どんな経済危機でも同じだが、オイルショックが起きる直前まで、エコノミストは楽観的な見通しをもっていた。たとえば、危機の前夜である一九七一（昭和四六）年六月、経済企画庁経済研究所は、次のような経済成長の見込みを立てていた。

いわく、一九八五（昭和六〇）年までに日本経済は年率一一・四%の成長をし、また日本の総生産の世界にしめるシェアは二四・六%、輸出の世界シェアは二六・六%になるという予測である。(*85) 要するに、日本の高度成長は相変わらずつづくという呑気《のんき》な予想を立てていた。

だが、一九七三年の第一次オイルショックをきっかけに、世界の経済成長のスピードは大きく低下し、日本もその煽りをくらった。

そして、オイルショックは、たんなる不況というだけに留まらず、産業構造を転換させる大きなきっかけでもあった。

オイルショックのインパクトの一つは、製造業の就業者を減少させたことである。一九七九（昭和五四）年の経済白書によれば、オイルショックを境に雇用量が減少したのは、製造業だけであって、雇用量全体は増えていた。とくに増えていたのが第三次産業の雇用である。(*86)この変化は欧米諸国でも同じように生じており、オイルショックまでは就労人口のうち製造業の比率がおよそ三分の一だったのが、おおむね約四分の一まで落ち込んだ。(*87)

こうした社会構造の変容が生じていたにもかかわらず、オイルショック以後、ひとり日本だけが「ものづくり大国」であるとの自意識を膨らませていった。

オイルショックは、一九五〇年代後半からの長い高度成長を終わらせたが、日本は欧米に比べて、相対的に早い時期にそこから立ち直る。それは、経済指標だけでなく、自国民の意識としてもそうであった。オイルショック以降の日本は、鉄鋼業・造船業をはじめとした重厚長大型から、自動車・電機などといった機械工業部門への脱皮に成功したとされた。(*88)

オイルショック以後における成功の象徴は、トヨタとソニーであった。

トヨタのかんばん方式は、それまでの大量生産・大量消費の仕組みを変える生産システムであると持てはやされた。大量生産システムは、いつでも顧客の要望に応えられるように、在庫を大量に抱え込んでいた。こうしたシステムに対して、トヨタは、手持ちの在庫をなるべく減らし、ディーラーからの要望があれば、「時間通りに（ジャスト・イン・タイム）」商品を供給するシステムをつくった。大量生産のフォード・システムは、戦後のアメリカの黄金時代を支える生産システムと考えられていたため、トヨタの成功は、アメリカの凋落を象徴するものであると、当時の知識人たちは理解した。

また、一九七九（昭和五四）年に発売されたソニーのウォークマンも、アメリカがつくりあげてきた生活様式を塗り替えるものと見なされていた。ウォークマンは、電車やストリートといった公共空間においても私的な趣味の追求を可能にしたという点で、アメリカで形成されたリビングルーム中心の中間層文化を変化させたと評価された。

たしかに、この時代の日本人の働き方とそこから生み出される技術は、世界のライフスタイルを変えた。欧米が不況の後遺症に苦しんでいる隙に、日本企業は、革新的な製品とライフスタイルを輸出した。こうした経済面と文化面での勝利に、日本人の自尊心はおおいに満たされた。

日本社会が多幸感に満たされる一方で、欧米では、オイルショックを大きな転機として捉えていた。政策的には、基幹産業の国営化と国民に対する手厚い保護というケインズ＝福祉国家体制の見なおしがおこなわれた。

一九七九年からはじまったイギリス・サッチャー政権は、欧米の「改革の時代」の象徴である。そこで断行されたのは、電話、ガス、水道事業など各種インフラ事業の民営化、あるいは規制緩和、金融改革であった。

日本は、こうしたイギリスなどにおける改革を横目に、なぜ日本経済が「強い」のかを探ろうとした。その一つの回答が「日本的経営」だった。

もともと、一九五〇（昭和二五）年ごろの日本経済論は、欧米の経済・科学技術水準にまったく及んでいないという自己を卑下する議論が主流だった。

日本的経営論の古典であるジェームズ・アベグレン『日本の経営』の初版は一九五八年だが、終身雇用や年功序列といった日本的経営の特徴は、初版段階では日本の後進性を象徴するものだった。アベグレンが言うには、日本の終身雇用・年功序列的な人事考課は、資本の論理というよりも、工業化以前の人間関係が企業に持ち込まれたものである。じっさい、アベグレンの調査によれば、日本企業の経営者自身も、日本企業の生産性の低さが労働市場の柔軟性の低さに起因していると指摘していた。(*89)

だが、欧米の相対的衰退によって、日本的経営論は、後進性から経済的優位さを説明する論拠として再解釈されることになる。

アベグレンは、一九七四年に『日本の経営』の改訂版として『日本の経営から何を学ぶか』を出版するが、そこでの議論は、終身雇用や年功序列を一転して肯定的に評価するものだった。

まとめておくと、終身雇用と年功序列などの慣行で特徴づけられる「日本的経営論」は、一九五〇年代に出版されたアベグレンに出自を持つものの、それは日本企業の後進性を象徴するものだった。それが、オイルショックを転機に、終身雇用・年功賃金が日本企業の強みをあらわすインデックスとして肯定的に評価されるようになった。

そのなかで、官僚組織・圧力団体・族議員の三者が強固に結びついた「鉄の三角形《アイアン・トライアングル》」が変容する。自民党の支持層はこれまでの保守（自営業層）と新しい保守（都市勤労者）に分裂し、後者が勢力を伸ばす。それが次に見る「日本型福祉社会論」と「企業中心主義」の主張へと帰結する。

（＊85）西山卯三、一九七三、「都市化の時代と人間環境の破壊」西川清治編『現代日本の都市問題１　現代資本主義と都市問題』汐文社。

（＊86）経済企画庁、一九七九、『昭和五四年　年次経済報告』経済企画庁。

（＊87）ホブズボーム，エリック、河合秀和訳、一九九四＝一九九六、『二〇世紀の歴史――極端な時代（上・下）』三省堂、下巻二六 - 九頁。

（＊88）高原基彰、二〇〇九、『現代日本の転機』ＮＨＫ出版。

（＊89）アベグレン，ジェームズ・C、山岡洋一訳、一九五八＝二〇〇四、『日本の経営〈新訳版〉』日本経済新聞社。

＊日本型福祉社会論

日本の高度成長をささえたのは企業につとめる（男性）都市勤労者たちである――こうした企業中心の日本社会イメージがオイルショックをきっかけとして強まる。そして、そのイメージをもとに都市勤労者家族を前提とした公共政策の方針がつくられたという点で、自由民主党による一九七九（昭和五四）年の「日本型福祉社会論」がきわめて重要である（＊90）。日本型福祉社会論とは、オイルショック後の西ヨーロッパ社会――とくにイギリス――を反面教師とした福祉構想のことである。

「日本型福祉社会論」によれば、オイルショックのころのイギリスは、次のような堕落した状況だった。当時のイギリスは、ベヴァリッジ報告以来の「ゆり籠から墓場まで」という手厚い福祉政策によって、最低賃金と失業手当の額がそれほど変わらない状況だった。それは、無理して働かなくても、失業手当をもらえばよい、という考えに若者たちを導いた。こうした若者の労働意欲の減退は、イギリス企業の生産性を弱めた。福祉を手厚くしたばかりに、イギリスはオイルショックからなかなか立ち直ることができず、財政赤字を垂れ流すことになった。自民党政策担当者は、こうしたイギリスの状況を「英国病」と名づけた。

では日本が「英国病」に罹《かか》らないためには何をすべきなのか。それは、国家に頼らない福祉モデルをつくることだ、そう自民党政策担当者は考えた。

自民党政策担当者の日本イメージは次のようなものだった。もともと、日本では、終身雇用・年功賃金・企業内福利厚生などで、従業員の人生全体を企業が包み込んでいた。そして、その従業員は、家族のなかでは男性家長として、専業主婦と子どもの生活をささえていた。老人の介護が必要になっても、専業主婦が無償で面倒を見ていた。

こうした企業と家族による福祉システムこそが西欧の福祉モデルにはない点である。彼らにとって、福祉国家とは、多くのフリーライダーを生み出し、財政赤字を垂れ流すことになった悪玉であった。だからこそ、日本は、依存者を大量に生み出す福祉国家ではなく、企業福祉と家族福祉を基軸とした「日本型福祉社会」を構築すべきだと、自民党政策担当者は提案したのである。

　この考え方は、日本の安定イメージを根底から覆すものだった。なぜなら、日本型福祉社会論における「社会」とは、企業と家族であり、そこに自営業や地域は含まれていないからである。それはサラリーマン男性と専業主婦のセットを前提として組み立てられた福祉モデルだった。言ってしまえば、サラリーマン家庭以外の人々は、日本における例外的な層と位置づけられたのである。

　経済学者の大沢真理が指摘するように、もともと日本の社会保障は、大企業中心、かつ男性本位に制度がつくられていたが、「日本型福祉社会論」は、「家族だのみ」・「大企業本位」・「男性本位」の社会政策を、日本の〝よき伝統〟として、維持強化することになった。[*91]

　こうした一九八〇年代の「日本型福祉社会論」が実際に制度へと結実したのが一九八五（昭和六〇）年の年金改革だった。

　この改革は、個人単位で年金制度に強制加入する基礎年金が制度化されたが、そのさいに「第三号被保険者」が創設された。第三号被保険者とは、厚生年金や共済年金の加入者（第二号被保険者）に扶養される配偶者で、年収一三〇万円未満の人々のことを指す。八五年の改革は、第三号被保険者が、保険料を自分で払わなくても、老後に基礎年金を受け取れることを可能にした。

それ以前からも、男性サラリーマンと専業主婦というカップリングは、多くの恩恵を受けていた。（大企業の）男性サラリーマンは、専業主婦を抱え込むことによって、扶養・家族手当がつき、また税制上も、扶養控除などの優遇措置を受けることができた。それにくわえて、八五年の年金改革では、男性サラリーマンと専業主婦に優遇措置があたえられたのである。

（＊９０）自由民主党、一九七九、『研究叢書８　日本型福祉社会』自由民主党広報委員会出版局。
（＊９１）大沢真理、一九九三、『企業中心社会を超えて――現代日本を「ジェンダー」で読む』時事通信社。

＊日本型福祉社会における家族像

新しい年金制度は、その後の女性たちの働き方を強く規定した。

よく知られるように、この制度のため、主婦たちは、年収一三〇万円以上かせぐことを避けるようになった。もし、一三〇万円以上かせいだならば、夫の扶養控除がなくなるだけでなく、年金保険料まで支払う必要が出てくるからだ。

一三〇万円以上かせぐ必要のない主婦たちにとって、パート労働の時給が上がらなくてもそれほど問題ではなかった。逆に、パートの時給が上がれば、職場で働く時間が短くなってしまい、職場の戦力にならないという問題があった。

主婦たちの仕事の多くは、一九八〇年代から伸びていったサービス産業や小売業であった。主婦パート労働の典型的な現場であるスーパーは、一九七〇年代から八〇年代にかけて大幅に増えたが、それは高い賃金を求めない主婦パートが大量に増えてこそ成り立つ業態であった。彼女たちが、スーパーなどでパートタイム労働をするのは、明確な理由があった。それは、子どもたちの学費をふくめて、家計の補助をするという目的のためである。

だが、主婦パートが、サービス産業・小売産業に流れ込むことによって、その後の若者のアルバイトの時給は、主婦パートと同じ低水準に抑えられることになった。主婦たちが、子どものためを想ってせっせとパートタイム労働に出ることが、皮肉なことに、アルバイト専業の若者たち――いわゆるフリーター――の低賃金をつくりだす基盤となった。

以上からわかるように、自民党による一九八〇年代の年金制度の改正は、男性サラリーマンと専業主婦のカップリングを優遇するものだった。こうした制度設計がおこなわれたのも、自民党政策担当者たちが、男性サラリーマンと専業主婦のカップリングを「理想的な標準世帯」としていたからである。

むろん、上野千鶴子らフェミニストたちは、こうした男性中心の年功賃金／社会保障モデルに反対した。(*92) だが、彼女たちの言説は、結果から見れば、専業主婦の既得権を奪う方向には結びつかなかった。

そこには理由があった。上野千鶴子は、専業主婦という存在の問題性を、『家父長制と資本制』（一九九〇）で理論的に明らかにしたが、実践的には専業主婦の存在を直接に批判するというより、主婦のネットワーキング（「女縁」）を論じることで、男性サラリーマンの「社縁」にはない、専業主婦の可能性を追究した。(*93) そこにあったのは、専業主婦の存在を否定することが、女性の分断をひきおこしかねないという政治的判断であったように思う。

こうしたなか、終身雇用と専業主婦モデルにあてはまらない自営業のような家族は、いずれ衰退していく「前近代的家族」とされた。そして、フェミニズムをはじめとした「近代からの解放」をめざす新たな社会理論のなかでは、零細小売商や商店街のような対象は、見向きもされない対象となった。

当時の欧米社会は、イギリスのサッチャー政権をはじめとして、保守側が福祉国家の膨張を止めるという動きに出ていた。しかし、政治学者の飯尾潤が指摘しているように、日本では、保守政党である自民党が、企業社会を前提とした積極的な福祉国家像を打ち出していたことに特徴がある。

自民党が男性家長を中心とした福祉政策を打ち出したことで、第二政党である社会党とのあいだで奇妙な共闘関係がつくられた。というのも、日本型福祉社会論は、男性家長の正社員を前提としたものであり、（男性家長中心の）労働者政党である社会党にとって都合の悪いモデルではなかったからである。

こうして、自民党の企業社会を前提とした日本型福祉社会論は、政党政治の枠組みのなかで、根本的な批判軸がないまま突き進むことになった。（＊94）

（＊92）上野千鶴子、一九九〇、『家父長制と資本制』岩波書店。
（＊93）上野千鶴子、一九八八→二〇〇八、『「女縁」を生きた女たち』岩波現代文庫。
（＊94）飯尾潤、二〇〇八、『政局から政策へ――日本政治の成熟と転換』ＮＴＴ出版。

*零細小売商の既得権層化

では、一九七〇年代から八〇年代にかけて、零細小売商は、社会的にどのように位置づけられていたのか。

はっきり言ってしまえば、以前にもまして、零細小売商は、自民党に圧力をかける厚顔無恥な既得権益層と見なされた。その要因は、前章でもふれた、大規模小売店舗法（大店法）の運用をめぐる、零細小売商のふるまいである。

中内切らによるスーパーマーケットの出店攻勢は、零細小売商の反発をひきおこした。また、零細小売商は、次の不満を持っていた。いわく、百貨店は、百貨店法で出店規制がかかっているにもかかわらず、スーパーマーケットには、何ら規制がかかっていない。スーパーマーケット業界に対する不満は、一九七三（昭和四六）年の大店法の成立にむすびつき、その出店スピードが落ち込むことになった。

ここで大店法の内容にふれておこう。

それまでの規制法だった百貨店法は、一法人ごとの売り場面積を基準に出店を規制するものだった。これに対して、大手スーパーは、規制をかいくぐるため、売り場ごとに別の法人をつくり、大型店舗を次々と出店していった。

大店法は、こうした規制の抜け道を防ぐという目的から、法人に対する規制をやめて、建物ごとの規制へと切り替えた。具体的には、東京と政令指定都市で三〇〇〇平方メートル以上、地方都市で一五〇〇平方メートル以上の売り場面積をもつ大型小売店舗の新設・増設に対する規制を新たに設けた。この法律によって、規制から逃れていた擬似的な百貨店やスーパーマーケットが、新たな規制の対象となった（大店法の成立によって百貨店法は廃止になった）。

大店法は、以前に比べて規制の対象をひろげただけでなく、規制の内容自体も以前よりきびしかった。大店法の規制というのは、店舗の出店・増築にあたって、地元の商業関係者との事前調整を義務づけるというものだったからだ。

たとえば、ある企業が、大規模小売店を出店・増築したいとすると、開店時期・店舗面積・閉店時間・休業日数のそれぞれについて、その地域の商工会議所（または商工会）が組織する商業活動調整協議会（商調協）に意見をうかがわないといけない。法律のうえでは、この商調協が出す意見に従って、通商産業大臣（現、経済産業大臣）が出店規制の内容を勧告するという手続きになっていたが、ほとんどの場合、商調協の意見がそのまま通産相の勧告内容となっていた。商調協は、中小・零細店代表、消費者代表、学識経験者で構成されたが、その構成メンバーの決定は、商工会議所に所属している地元商店街の意向が強く働いていた。そのため、大型小売店の出店は、各地で大幅に遅れたり、阻止されたりすることになった。(*95)

大店法の運用の問題が取りざたされたのが、ダイエーの熊本進出の際である。

ダイエーは、一九七五(昭和五〇)年に、熊本市への出店計画を明らかにするが、その予定店舗面積は約四万四〇〇〇平方メートルと、当時熊本市内にあった二つの百貨店の店舗面積の合計に達するほどの大きさだった。

危機感を抱いた地元商業関係者は、地元での調整以前から、出店拒否という態度を明確に表明した。そして、商工会議所の圧力がかかった商調協での結論も、ダイエーの熊本出店を認めないというものだった。このダイエー問題は、熊本市の消費者団体が、出店賛成のための署名活動を起こすまでにいたり、署名数は熊本市人口の二六%を占める一三万人に上った。(*96)

大店法の趣旨は、百貨店とスーパーマーケットを同じ条件で競争させることと、調整の場に消費者代表を加えることで「消費者保護」という観点を取り入れること、の二点だった。

しかし、大店法の運用では、消費者という観点がそれほど取り入れられず、かえって零細小売商の既得権ぶりを際立たせ、消費者との対立を激化させてしまった。

こうした状況に問題を感じた流通革命論の林周二は、彼が所属する流通政策研究会を通じ、大店法の運用改善の要望書を通産相に提出した。(*97)

しかし、そうした意見は、ほとんど意味をもたなかった。勢いづく零細小売商は、大店法の規制でも甘すぎるということで、より強い規制を求めた。

実際、全国商店街組合連合会は、大店法が施行されたばかりの一九七四（昭和四九）年に、運動スローガンとして、大店法の強化、大企業と中小企業との事業分野の調整、農協・生協の物品販売活動の規制などをスローガンとして掲げた。(*98)

こうした商店街や零細小売商による規制の要求は、あきらかに行きすぎたものだったが、自民党は、零細小売商の圧力に負けて、一九七八（昭和五三）年に大店法を改正する。それは、大型店舗に対する規制を、中型店舗にまでひろげるという、これまで以上の規制の強化だった。

大店法による規制の強化は、零細小売商を一時的に助けることになったが、小売規制の正当性のありかを社会的に失わせた。大店法が施行されて以降、「流通戦争」というコトバが紙面を躍り、消費者の欠如のなかで規制が実施されていることへの批判がおこなわれた。大店法が実施された時期は、皮肉にも、日本社会のイメージが「企業中心主義」で満たされつつあった。零細小売商が既得権を我が物顔で追求する姿は、日本社会の富に寄生するイメージを強めた。その結果、なぜ規制が必要なのかという肝心な部分が一般市民に理解されなくなってしまった。

(＊95) 草野厚、一九九二、『大店法——経済規制の構造』日本経済新聞社。
(＊96) 「市民にき裂　流通戦争」『朝日新聞』一九七六年四月二六日。
(＊97) 『読売新聞』一九七五年一二月一一日朝刊。
(＊98) 『朝日新聞』一九七四年一一月二六日朝刊。

4-3 日本問題と構造改革

以上述べてきたように、オイルショック以降、日本は、経済的に勝利をおさめたことで、自分たちの優秀さの原因を理論的に明らかにしようとした。それが、日本的経営論だったわけだが、現在の視点から見れば、それはある種のうぬぼれの露呈でしかなかった。

こうした肥大した自意識のなかで巻き起こったのが、アメリカの評論家たちによる日本異質論であった。この日本異質論は、日本の消費のあり方を批判しており、それがひいては日本の商店街の改革の動きへとつながっていく。

日米貿易摩擦と称された軋轢《あつれき》のなかで、アメリカの評論家たちは、貿易黒字の理由を日本社会の異質さに求める。日本では、働くことばかりが優先され、それで得た富が消費に回されていない。それは、「生産優先社会」であり、世界の貿易秩序を乱すものであると批判される。

こうした主張が一九七〇年代から八〇年代にかけておこなわれたが、日本の知識人たちは有効な反論ができなかった。というよりも、当時の良好な経済状況もあって、こうした議論に積極的に同調する状況もあった。かくして日本は、アメリカの主張どおり、消費構造の改革をすすめていく。

＊オイルショック後の「日本問題」

ここではオイルショック以降の社会状況について概観しておこう。先ほどもふれたように、オイルショックをいち早く乗り越えた日本は、多額の貿易黒字を生み出したが、それは欧米とのあいだで深刻な軋轢を生んだ。

まず、欧米各国は、貿易赤字圧縮のため、円高への誘導をこころみた。しかし、それはあまり成功しなかった。一九七一年のニクソンショックによる変動相場制は円高をもたらしたものの、それは数年間にとどまった。当時のアメリカは、金融行政の方針からきびしい金融引き締めをおこなっていた。また、財政赤字にも苦しんでいたため、金利は高騰し、海外から大量の資金が流れ込んだ。その結果、ドルが買われて、円安基調となったのである。日本企業は、ドル高にともなって割安となった日本の製品を、欧米の市場に大量に輸出した。こうしてアメリカと日本とのあいだには貿易の不均衡が起きた。

日本からの輸入の急増は、自動車産業をはじめとしたアメリカの製造業に、多大なダメージをあたえた。アメリカの製造業は、生産縮小とそれにともなうレイオフ（雇用者の一時解雇）をおこなった。アメリカ国民は、円安を利用して輸出攻勢をおこなう日本への反感を強めた。

アメリカ国民の反感と国際競争力の喪失をおそれたアメリカは、一九八五年にG5（先進五カ国蔵相・中央銀行総裁会議）をひらき、ドル安誘導を各国に要請し、各国ともそれを承認した。いわゆるプラザ合意である。

しかし、円高誘導の目的であった貿易黒字は、なかなかおさまらなかった。(*99) 円高にもかかわらず多額の貿易黒字が発生している状況は、アメリカに深い失望をあたえた。そして、貿易黒字の要因として、経済的な条件というよりも、日本の特殊的文化が働いているという論陣が張られた。

たとえば、日本研究者のカレル・ヴァン・ウォルフレンが言うには、日米間の問題はたんなる貿易黒字の額にとどまらない。彼の言うところの「日本問題《ジャパン・プロブレム》」とは、日本が国外の貿易でうるおう一方で、国内市場で外国製品を冷遇するという「敵対的貿易」を、官民あげておこなうことだった。（＊100）

また、ジャーナリストのジェームズ・ファローズは、日本の経済的成功が、日本人の生活水準の向上や消費者の利益につながっていない、と批判した。アメリカでは、国富が増大すれば、それは労働者に分配されて、消費にむけられる。典型的なトリクルダウンの考え方である。だが日本では、経済的な成功が労働者にむかわない。つまり日本では、労働者が消費者になりたがらないという「反消費者社会契約」が存在するというわけである。

ファローズは、労働者が貧しい生活をおこないながら、貿易シェアを拡大する状況を、「生産優先社会」と呼んで、この異様なシステムを改革しないかぎり、日本とアメリカのあいだの貿易摩擦はけっして改善されないだろうと論じた。（＊101）この議論は、チャルマーズ・ジョンソンの『通産省と日本の奇跡』（一九八二）で述べられた、旧通産省による上からの「高度成長」の議論とあわせて、日本異質論の基調となる。

（＊99）その黒字額は、一九八四年に四四〇億ドル、八五年に五六〇億ドル、八六年に九三〇億ドルと増え、八七年に日本円の対ドル為替レートが二倍近く切りあげられて、やっと七六〇億ドルとわずかに減少した。

（＊100）ウォルフレン，カレル・ヴァン、一九九〇、『日本　権力構造の謎（上・下）』早川書房。

（＊101）ファローズ，ジェームズ、一九八九＝一九八九、『日本封じ込め――強い日本vs.巻き返すアメリカ』TBSブリタニカ。

＊前川レポート

こうした一九八〇年代半ばに沸き起こった「日本問題《ジャパン・プロブレム》」に対処するため、中曽根康弘首相は、一九八五（昭和六〇）年に、財界人を中心とした私的諮問機関「国際協調のための経済構造調整研究会」を立ちあげ、輸出主導型から内需拡大の経済構造へと、経済構造の転換をはかろうとした。この研究会の最終報告レポートは、研究会座長である前川春雄元日銀総裁の名前をとって「前川レポート」とよばれる。

このレポートでは、貿易黒字の削減を即時に果たさなければ、貿易国家たる日本社会の未来は見えないことが指摘された。

そして、このレポートのなかで貿易黒字を削減するための具体案として示されたのが「生活」であった。このレポートによれば、日本は、海外で多大な外貨を稼いでいるにもかかわらず、その富が、国民の「生活」につながっていない。統計的なデータだけを見れば、日本は豊かであるけれど、実際は、日本では生活関連の物価が高いために、国民が積極的に消費をおこなう環境にないというのである。(＊102) ほとんどファローズの言っていることと同じである。

こうした認識のもと、前川レポートでは、次のような提案がおこなわれた。

まず製造企業には、生産拠点を海外に移転するように求める。今では考えられないことだが、これは、製造業の輸出を目減りさせて、貿易黒字を減らすという目的のためであった。また、海外製品の日本への輸入促進が明記された。安価で良質な消費財を輸入することは、日本の消費生活の向上につながると見なされたのだった。

ただ、こうした輸入拡大を実施するうえでのネックが、日本の硬直した流通構造であった。前章で紹介した林周二の流通革命論以来、日本の流通構造の問題はくりかえし言及されてきた。

だが、日本企業は、積極的に対策を講じなかった。というのも、流通構造にメスを入れると、小売価格が値崩れを起こす危険性があったからである。日本企業がおそれていたシナリオは、スーパーマーケットのような価格交渉力の強い企業の発言権が増すことだった。そうすると、小売価格が下がり、ひいては製造業の利益が減ってしまう。日本企業にとって、流通に関係する事業体が零細である方が、メーカー側の価格交渉力を維持できるという点で、好都合だったわけである。

前川レポートは、こうした閉鎖的な流通構造を抜本的に改革しようとした。このレポートの改革の方向性は、その後の規制緩和の流れを形成していくが、その流れを決定的にしたのが、日米構造問題協議であった。

（＊102）その典型とされたのが消費構造および住宅であった。住宅の話をしておくと、当時、「うさぎ小屋」という日本の住宅にかんする自虐的なネーミングが流行したが、それは、値段が高い割には、小さくて貧弱な住環境しかあたえられていない、日本の住環境のことを指していた。つまり、日本には、貧弱な住居に住まないといけないほど、消費を抑制せざるをえない社会構造が存在しているというわけである。

＊日米構造問題協議

日米構造問題協議とは、アメリカと日本とが相互に経済上の構造問題を指摘しあう政府間協議のことである。ただ、政府間協議とは言いつつも、その実態は、アメリカ政府が日本政府に対して圧力をかける交渉だった。

この協議で問題となったのが、日本市場の構造的問題の改善であった。そのポイントは二点あった。

一点目は、流通の規制緩和――とくに小売店の規制――であった。日本のボトルネックとされたのは、流通メカニズムの非効率であった。それが改善されれば、日本の消費者の「生活」は改善すると考えられた。くりかえすが、この認識は、国内外で共通していた。

具体的には、アメリカ政府は、税務署が管轄していた酒・たばこ・米の販売に対する規制緩和を求めた。

象徴的だったのが、酒の販売にかんする規制緩和である。日本は、国内の酒造業の保護のために、ウイスキー・ブランデー・ビールなどの輸入酒に対し、高い関税を設けていた。アメリカ政府は、これらの関税の引き下げとともに、円高にともなう輸入ビールの販売促進をおこなうため、スーパーやデパートで酒の販売を解禁するように求めた。

二点目は、内需を刺激するための財政投融資の活用である。アメリカが求めたのは、欧米に比べて貧弱とされた社会資本の整備であった。

バブルが崩壊した一九九〇年に発表された「日米構造問題協議最終報告」には次のように

ある。

社会資本整備については、それが歴史的に遅れて始まったこともあり、我が国は、毎年、対GNP比で米国の約四倍に上る公共投資（Ig）を行い、社会資本の整備水準を高いペースで上昇させてきたが、依然欧米主要国より遅れている分野があることは否めない。このような状況にかんがみ、我が国は、社会資本整備の必要性、重要性を強く認識し、今後とも、社会資本整備の着実な推進を図ることとする。

また、これは、インフレなき内需の持続的拡大を通じて、経常収支黒字の一層の縮小に資することにもなろう。

この報告書はとんでもない主張をしている。GDP比でアメリカの四倍にものぼる公共事業をおこなっているのに、それでも一層の公共事業を求めているのである。その理由は、日本がアメリカに比べて「生活小国」だからという乱暴かつお節介な理屈からであった。

以上の経緯で、アメリカ政府は、日本に対して、道路や空港といった社会資本の整備を求めた。それは、景気回復と社会資本の整備というお題目による大規模複合開発プロジェクト

――関西国際空港、東京臨海部（ウォーターフロンティア）開発など――にアメリカ企業を参入させるためであった。

こうしたアメリカからの「大きなお節介」は、結局、大規模な公的事業という開発政治の遂行を意味したため、自民党政権も規制緩和とセットで受け入れることになった。

かくして、バブル崩壊以降、日米政府は共同して大規模な公的事業を企画したわけだが、その資金とされたのが財政投融資だった。ここで、「財政投融資」という言葉が出てきたが、この制度こそ、商店街を根底から掘り崩し、地方を弱体化させた元凶である。次節では、財政投融資を含めた公的資金が、いかに小売業の環境を変化させ、地域社会を崩壊に向かわせたかについて議論する。

４‐４　財政投融資と「地域」の崩壊

＊内需拡大と財政投融資

政府がおこなう経済活動は、租税を用いるのが基本である。ただ、租税に基づいた財政措置にくわえて、財政投融資が活用されてきた。財政投融資とは、税資金にもとづく補助金等とは異なり、金利をつけて国に返済しなければならない有償資金のことである（図7）。

財政投融資を理解するうえで重要な点は、この資金の出所が、郵便貯金や厚生年金・国民年金など、国民が政府にあずけている資金、また、NTT（日本電信電話）やJT（日本たばこ産業）の配当金であったことだ。郵便貯金や年金は、国民からあずかった資金であるが、大蔵省の資金運用部は、これらの資金の運用先として、特殊法人に融資した。特殊法人は、財政投融資の資金を、高速道路や空港、中小企業の事業資金、国民の住宅建設資金、日本育英会による奨学金事業などにあらためて融資した。

この財政投融資の使われ方が、日米構造問題協議をきっかけに変化した。

まず、財政規模が飛躍的に増加した。図8からわかるように、「日米構造協議最終報告書」が発表された一九九〇（平成二）年から、その額が伸びている。

バブル以降に財政投融資の額が大幅に増えた理由は、景気回復と貿易黒字解消という二つの目的であったが、本書の観点で重要なのは、バブル以降に、地方に財政投融資がばらまかれることになった点である。地方に財政投融資がばらまかれることによって、中心街からかけ離れた場所に国道アクセス道路が数多く造られた。一九九〇年代からひろがるショッピングモールは、財政投融資がばらまかれた国道アクセス道路沿いに数多く建設された。(*103)

図7　一般会計補助金等と財政投融資の資金の流れの違い

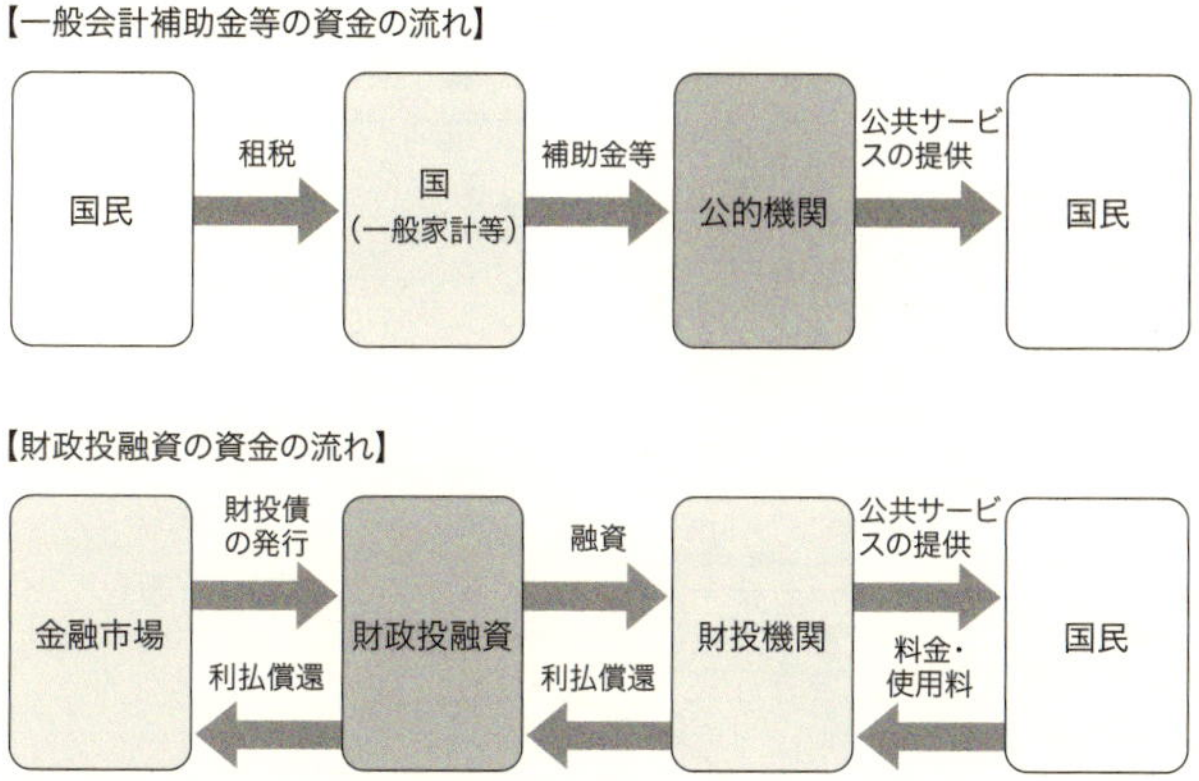

出典：財務省理財局『財政投融資リポート2008』（一部改変）

また重要なのが中小企業向けの融資が増加したことである。規制緩和は、地方経済を苦境に陥れたが、その苦境に対して融資を増加させるという、ある種のマッチポンプの様相を呈した。

とくにこのマッチポンプの状況が露骨なかたちでおこなわれたのが小売業である。小売業は、日米構造問題協議によって、急激な規制緩和にさらされたが、その緩和策として、以前に比べて多くの予算が投じられることになった。日米構造協議以前から、通商産業省・中小企業庁は、一九八七年度から各地の商店街のイメージ向上のための〝コミュニティ・アイデンティティ〟事業をはじめるなど、補助金のばらまきをおこなっていたが、日米

図８　「日米構造協議最終報告書」発表後、財政投融資の額が大きく伸びている

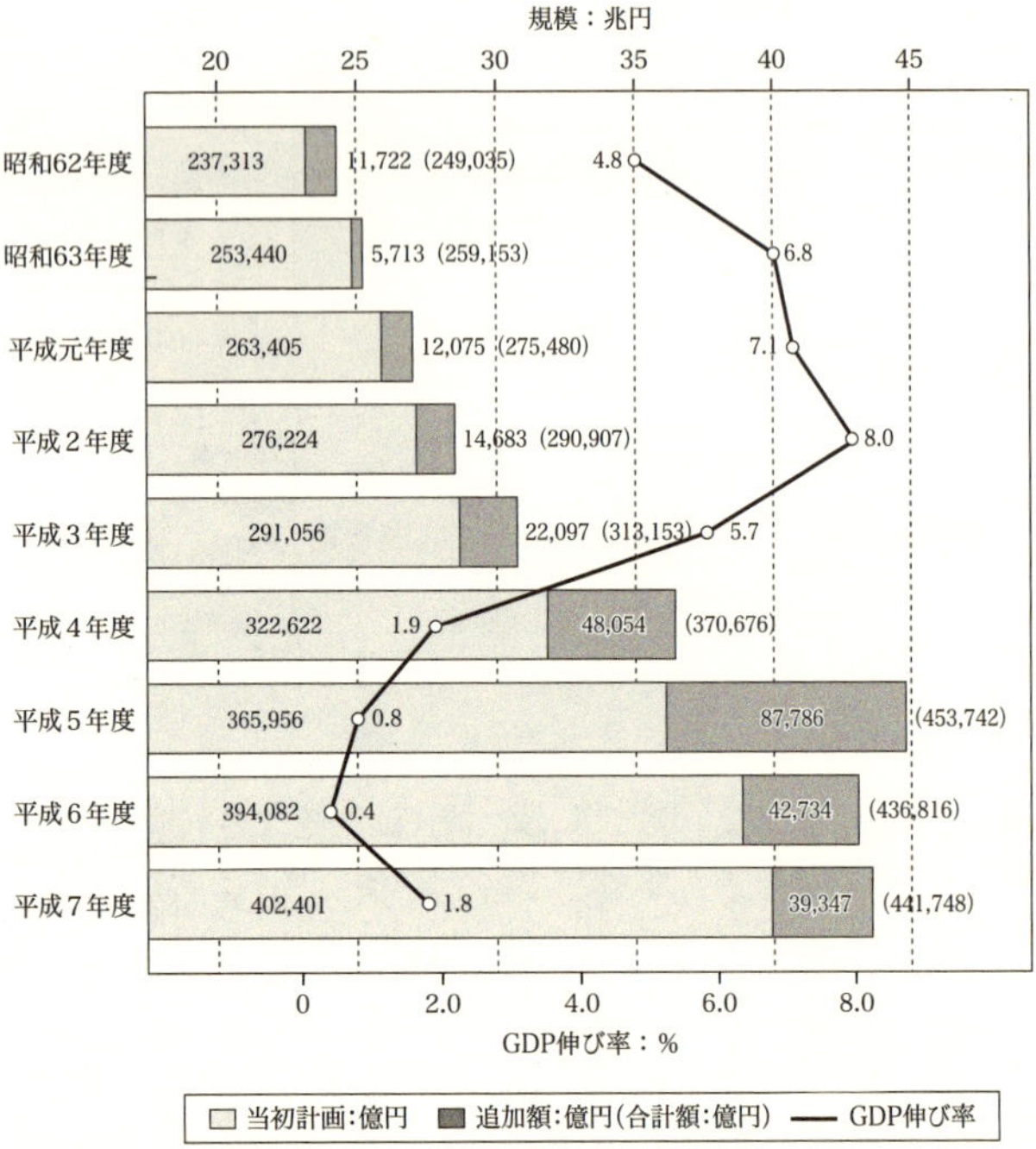

（注）GDPは名目値の伸び率。

出典：大蔵省理財局『財政投融資リポート'96』

構造協議に端を発した規制緩和は、その流れを加速させた。

じっさい、日米構造問題協議の次年度である一九九一年度の予算では、規制緩和にともなう中小小売店対策が大規模に実施された。商店街のアーケードやコミュニティ・ホール造りなどの商業基盤施設整備費に一一五億が計上された。また、政府系機関などを通じた資金融通でも、ＮＴＴ株売却益からの無利子融資など五八五億円、中小企業事業団の資金を活用した中小商業活性化基金積み増しが三〇〇億円と、膨大な額が計上された。(＊104) それにくわえて、財政投融資からの資金を、政府系中小企業金融機関（中小企業金融公庫、国民金融公庫、商工組合中央金庫）に大量に流し込んだ。

もう一度当時の状況を整理すると、一九八〇年代の日本政府は、アメリカの圧力のなか、小売規制を緩和することで、小売にかかわるアクターを増やし、消費者の利益となるような消費空間を実現しようとした。しかし、それは、当然ながら零細小売商の体力を奪うことになった。そのため、零細小売商を含めた中小企業は、この機会にと、アーケードなどのハード部分を政府に要望するとともに、運転資金として、財政投融資の資金（実際は財政投融資を迂回した政府系金融機関の融資）を求めた。かくして、財政投融資は、中小企業を苦境に陥れるとともに、その苦境からの救済措置としても用いられたのである。

ちなみに、この財政投融資の問題にメスを入れようとしていたのが、小泉政権の経済財政政策担当大臣であった竹中平蔵であり、大蔵省で財政投融資を担当していた経済学者の髙橋洋一であった。竹中平蔵は、政治学者・山口二郎との対談で次のように答えている。

山口　そもそも、小泉さんは改革の中身を体系的に説明したことが一度でもありますか？「郵政民営化が構造改革の一丁目一番地」と言いながら、じゃあ二番地はどこなのかという説明を聞いたことはないように思います。

竹中　（略）改革には不良債権処理のようなリアクティブ（守り）のものとプロアクティブ（攻め）なものがある、郵政民営化が成った後の二番地として財政投融資の改革が必要だ——というようなことは、さまざまなところで述べ、本にまで書いたのです。だから体系は示しているのです。しかしメディアはワン・ワードしか伝えない。（＊105）

竹中平蔵が描いた工程表どおりに改革がすすんだとすると、財政投融資の抜本的改革がおこなわれることで、建設業に頼っている地方経済と、政府系金融機関からの融資に頼っている中小企業が、壊滅的打撃を受けたに違いない。竹中にとっての「抵抗勢力」とは、財政投融資などを通して地方に巣くっている、官僚と建設業界と政治家のあいだの「鉄の三角形《アイアン・トライアングル》」であった。そして、幸か不幸か、小泉・竹中による構造改革は「一丁目一番地の改革」（郵政民営化）だけに終わり、建設業頼みの地方経済と中小企業が完全に息の根を止められるまでにいたらなかった。

本書執筆時では、公共事業は名目上大きく削減されているものの、それは国家予算上のことであって、第二の予算である財政投融資の元手となる郵政部門が民主党政権の成立によってふくれあがる危険性が残されている。

また、東日本大震災以降は、「震災復興」という批判しにくい理由をつけて、公共事業がふくれあがる危険性もある。こうした中央から地方へと資金が大量に流れ込むことで、身動きがとれない状況に追い込まれているのが、地方社会が混迷している一つの要因である。

バブル以降、地方は、景気対策という名の「麻薬」にどっぷりと漬かってしまった。改革者である竹中平蔵がおこなおうとしたのは、麻薬依存症の患者から麻薬をむりやり取りあげて、地方自身に自律的な経済システムをつくりあげさせることだった。

こうして考えると、竹中の政策は方向性としては間違っていないように見える。だが、景気対策という「麻薬」を取り除いてしまうと、地方経済は完膚なきダメージを受ける恐れがある。麻薬依存症患者の更生と同じように、公共事業という「麻薬」をたんに取りあげるだけでは、意味がないどころか逆効果になりかねない。だからといって、一部の新自由主義批判論者のように竹中の政策をたんに批判しても、事が済むわけではないことは明白だ。

問題は、当時の零細小売商が、規制緩和に抵抗できず、その代替措置として公的資金に頼ってしまったことだった。零細小売商の生き残り戦略は完全に裏目に出てしまい、彼らの存在の正当性も同時に失われたのである。

(＊103) 建設業界のアナリストである米田雅子が指摘するように、バブル後の一九九〇年代は、八次にわたって補正予算が組まれたが、それにあわせて、国民にとってブラックボックスである財政投融資を用いたプロジェクトが増加した。こうしたプロセスのなかで建設業の従事者が一〇〇万人増加した。莫大な公共投資・財政投融資がつぎこまれた一九九〇年代の地方では、他産業に転職することのむずかしい中高年の人々が、こぞって建設業に参入することになった。(米田雅子、二〇〇三、『田中角栄と国土建設』中央公論新社)

(＊104)「商店街の整備に五八五億円を上積み　ホール造りなどに／平成三年度予算復活折衝」『読売新聞』一九九〇年一二月二九日。

(＊105) 竹中平蔵・山口二郎「新自由主義か社会民主主義か」『中央公論』二〇〇八年一一月号、五八頁。

＊加速する郊外化

図9　バブル崩壊以前の消費秩序

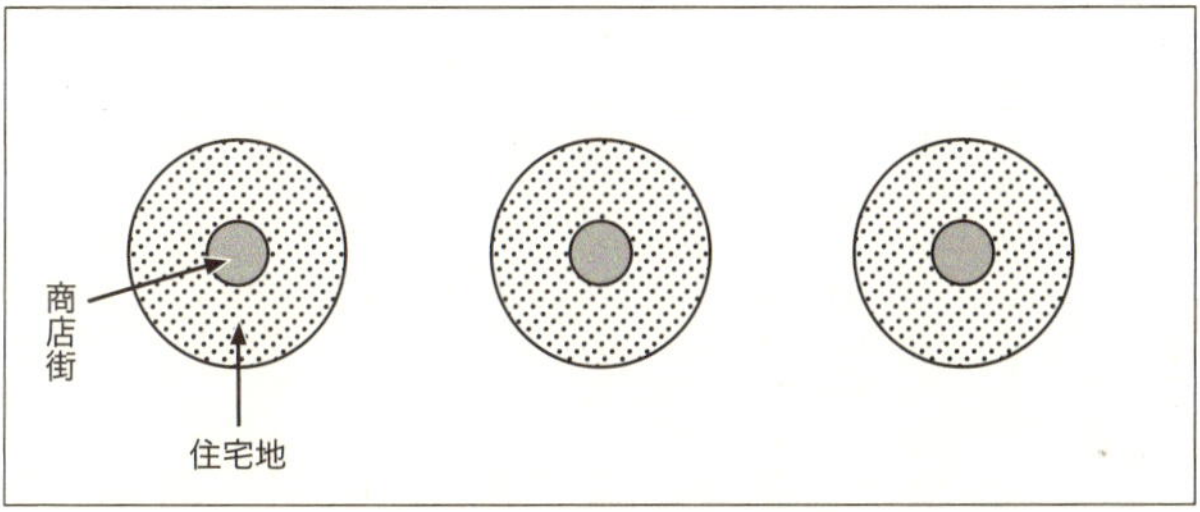

こうしてバブル崩壊のころから急速にふくらむことになった公共事業は、小売業の環境を変化させた。

日本の消費空間は、住宅街からの徒歩圏内に形成されていた(図9)。商店街は、徒歩での消費を前提としたために広い通りに面しておらず、駐車場も整備されていなかった。また、徒歩圏内での消費が前提だったため商圏がせまく、個々の店舗も零細であった。こうした構造をつくりだしたのが、戦前期の商店街構想であり、都市計画論でいえばペリーの近隣住区論だったことは、すでに見たとおりである。その構想は戦後に引き継がれ、戦後日本の零細小売商に対する規制がおこなわれた。

しかし、こうした日本的な消費空間のあり方が、一九八〇年代に大きく変化した、

一つは、流通にかんする規制緩和であった。これらの緩和によって、大規模な小売チェーンが、地方に進出しやすくなった。

それにくわえて重要なのが、この時期に、地方都市の郊外化

がすすんだことである。これは、公共事業の拡大によって地方の道路事業がすすんだことが背景にある。地方での道路事業は、市街地での整備事業よりも、地方都市間のアクセス道路事業を中心に進んだ。市街地の道路整備は、土地を買い取るなどの調整が必要なため、事業の終了までに、時間がかかるし、資金もかかる。それに比べると、地方都市間のアクセス道路は、市街地ではないために整備がスムーズにすすむ。こうして、地方都市の郊外にはアクセス道路である国道バイパスが次々と開通することになった。

アクセス道路の整備だけでなく、道路周辺の土地の整備がすすんだ。これらの土地は、大規模な住宅団地、あるいは工業用地として整備された。日本の経済が成長することを前提にして、これらの土地整備に莫大な予算が投じられることになったが、バブル崩壊後の日本企業にはそれらを購入するほどの余力はもはや残されていなかった。こうして地方都市の郊外に造成された土地の多くが塩漬け状態になった。地方の自治体は、苦肉の策として、塩漬けされた工業用地・住宅用地を商業用地に変更することをせまられた。

このような経緯により、地方都市の郊外——国道のバイパス沿い——に、商業用途の土地が大量に発生した。以前の商業の論理から考えれば、人が自然と集まらない土地に対して、商業用途を設定することはありえなかった。だが、バブル崩壊以降の野放図な国土開発は、塩漬け状態の土地を大量に生みだし、郊外の商業化を加速させた。その後、こうした塩漬けの土地を利用して、ショッピングモールが建設された。国道バイパス沿いにできたショッピングモールは、当然ながら、自動車での消費活動を前提としていた（図10）。

国道のバイパスは、地方の小都市どうしをむすぶことが多い。これらの通り沿いにショッピングモールができたことは、住宅街での商圏を前提としていた商店街秩序を根底から否定することになった。グラフを見てもらえればわかるように、商店街にあった個人事業主の商店は大きく減少する一方、それにかわって法人事業主の商店主が増加した（図11）。

このように、バブル以降の公的資金の投入は、零細小売商の力を弱めるとともに、彼らをとりまく外部環境を変化させたのである。

4-5　商店街の内部崩壊とコンビニ

小売規制の緩和が生じるなか、零細小売商は、公的資金の要求に加えて、コンビニ化という生き残り戦略も模索しはじめる。しかし、このコンビニ化という生き残り戦略が、商店街を内側から崩壊させた。

図10　バブル崩壊後の消費秩序

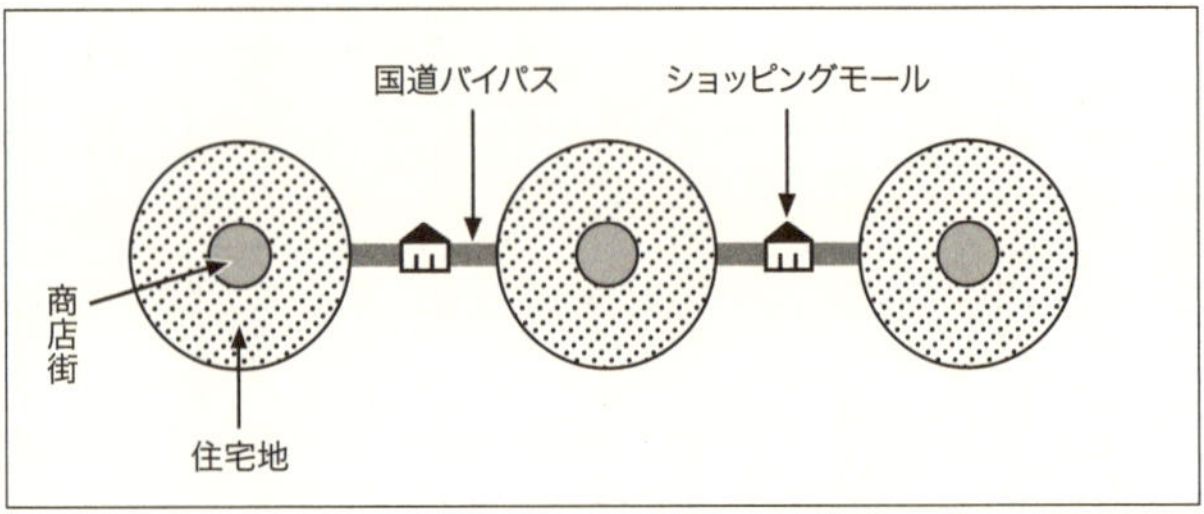

本章の冒頭で、コンビニの店舗数のグラフを示したが、これを見ればわかるように一九七〇年代の終わりから、急速にコンビニが増えている。なぜ、この時期に急速に増えたのだろうか。

その理由は以下の二点から考える必要がある。

①コンビニ本部がなぜこの時期に出店を急いだのかという点(プル要因)。

②だれがコンビニの店主になったのかという点(プッシュ要因)。

まず、プル要因であるコンビニ本部の側から当時の事情を見ていこう。

よく知られているように、この時期にコンビニの本部になっていたのは、イトーヨーカドーやダイエーといった、スーパーマーケットを経営していた大規模小売資本であった。高度成長とともに成長していたはずの大規模小売資本が、なぜコンビニ業態に手を出したのか。

イトーヨーカドーやダイエーといった大手小売資本は、先に

図11　個人事業主の商店が減り、法人事業主の商店が増えている

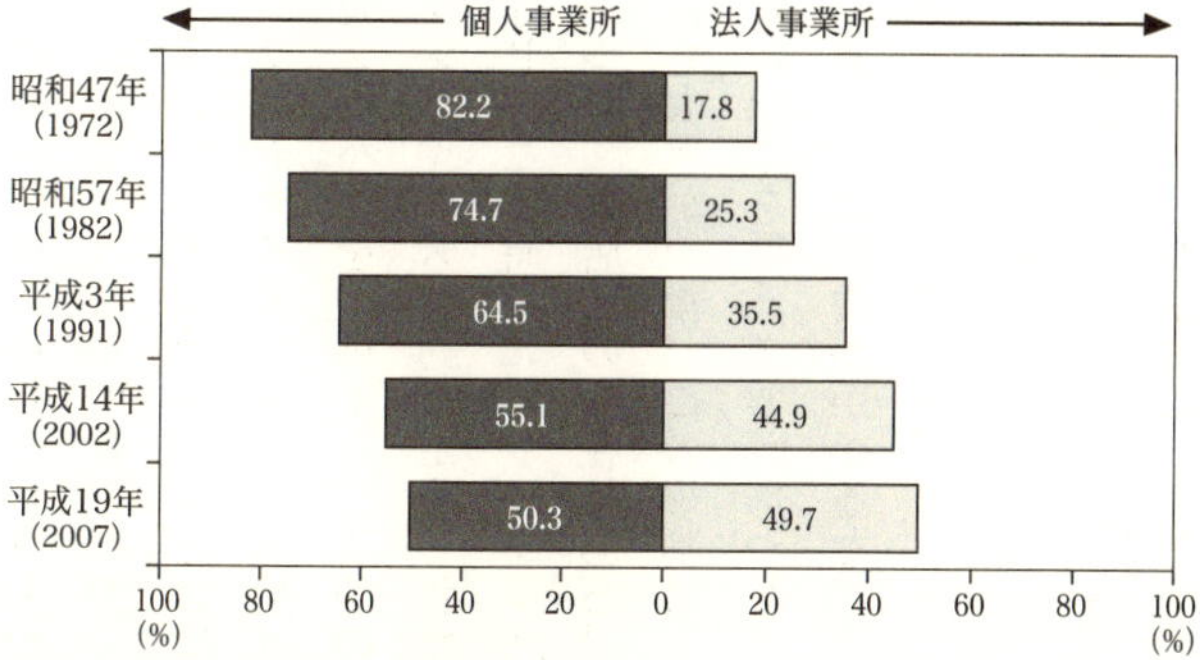

出典：経済産業省『平成19年　商業統計　確報』

くわしく述べた大店法の存在によって、大都市を中心として出店スピードが急速に落ちた。

こうしたなか、スーパーマーケットを経営していた大規模小売資本は、それまでの出店戦略を根本から変更させた。

具体的にいうと、

(1) 大店法の規制にかからない小型店の出店を増やす。

(2) フランチャイズチェーンを展開する。

(3) 大店法の規制がかからない地域で郊外型大型店を出店する。

の三点であった(*106)。

この戦略は、以前の経営戦略と大きく異なるものだった。それは、既存の商店街と対立してしまう大型店舗を力ずくで出店するのではなく、商店街そのものを

自らの陣営に取り込むというものだった。その方法論として用いられたのが、店舗の直接経営ではなく、代わりの者を立てて経営させるというフランチャイズチェーンの方式だった。

フランチャイズチェーンとは次のような仕組みである。

フランチャイズチェーン本部は、店舗の所有者に対して商標利用、サービスマーク、経営販売ノウハウを提供する。店舗の所有者は、本部から提供された商標などの価値に対して、フランチャイズ契約に定められたロイヤルティ料を支払う。

なぜ、この時期に、フランチャイズチェーンという形態でコンビニがひろがったのか。

一つは、大店法の存在である。それにくわえて、小売商業調整特別措置法という規制法の存在も大きかった。この規制によれば、大規模な小売資本が食品を販売するには、近隣の商業者の承諾を得る必要があった。そのため、大規模小売資本がコンビニを直接出店しようにも、あまりに労力がかかるため、自力で多店舗展開するのをあきらめ、コンビニの店主を募ったというわけである。(＊107)

こうして、一九七〇年代から、スーパーマーケットを経営していた大規模小売資本は、「価格破壊」によって零細小売商を駆逐するという戦略から、零細小売商そのものをスーパーマーケットの論理に染め上げるという戦略へと、方向転換をしていった。

以上が、コンビニという制度をつくりだした大手小売資本の論理（プル要因）である。ただ、いっぽうで、コンビニという制度が根づくためには、だれがコンビニを経営していったのかという要因を説明しないといけない（プッシュ要因）。

よく知られているように、この時期にコンビニのオーナーになったのは零細小売店主である。表3は、一九九〇年前半の段階で、コンビニの経営主が、参入以前にどんな職業であったかを調べたものである。これをみればわかるように、当時のコンビニ経営主のほとんどが小売業態からの参入であった。また、酒食品店という、規制業態からの参入が多いことがわかる。

一九七〇年代といえば、まだ酒やたばこの規制が相当に残っていた時期である。既得権が残っていたにもかかわらず、なぜこの時期に、零細小売店主がコンビニへと転換していったのか。

そこにあったのは経営の継承問題であった。

第1章でふれたように、小売規制の最大の問題は、零細小売店主個人に対して強い権益を与えたことであった。零細小売業主は、その権益を、地域のためというよりも、家族のために使うことを考えた。だから、その権益の引き継ぎ先は子どもに限られていた。だが、当時

表3　コンビニ参入以前の業種別店舗数の推移。酒食品店からの参入が最も多い

旧業種	1990年	1991年	1992年	1993年	1994年
食料品店	9,887	10,013	11,144	11,634	12,006
酒食品店	10,231	11,306	12,640	13,372	14,335
青果物店	4,465	4,540	5,085	4,876	4,889
菓子パン店	2,674	2,754	2,817	2,945	3,050
米穀店	1,520	1,781	2,053	2,687	2,813
薬局薬店	602	695	781	843	930
雑貨店	130	202	279	314	362
牛乳店	466	398	337	216	186
石油販売店	528	817	1,282	1,341	1,445
書店	163	196	238	245	256
精肉店	51	19	9	11	13
その他	8,897	8,329	5,451	5,026	4,922
合計	39,614	41,050	42,116	43,510	45,207

出典:『食品商業』1995年４月別冊

の小売店は、子どもがなかなか跡を引き継がない、という問題をかかえていた。

実際、中小企業庁が継続的におこなっていた零細企業の調査を見ても、跡継ぎのなり手がいないことが、廃業の理由となっている。たとえば「小規模企業経営調査」（昭和四七年）によると、後継者を子どもにするという企業は七九％を占めているいっぽう、四一％もの零細企業が、子どもが後継したがらないと答えている。また、事業の縮小・撤退を考えている理由のうち、もっとも多かったのが、「後継者がいないから」という理由である。(*108)図12のグラフを見てもわかるように、後継者がいないことが、事業縮

小・廃業の理由としてもっとも大きい。

　この点を考えるうえで重要なのが、零細小売店の近代家族化である。近代家族の特徴の一つに「社交の衰退」があるが、オイルショックあたりから、零細小売業では店舗と住居の分離が生じるようになった(＊109)。

　ちなみに、わたしは酒屋の息子として育てられたが、長らく店舗と住居が同じ建物であった。零細小売店は、家庭生活と商売とを混在させるのが普通であったが、このような公私が分離していない情緒的関係が、徐々に零細小売店主たちにとって好ましいものと思われなくなった。

　こうした文脈のなかで登場したのがコンビニである。コンビニは、当時の小売業者がかかえていた悩みを解決するものだった。

　当時の零細小売商の悩みは、店舗と販売システムの刷新であった。コンビニに転換することとは、あらゆる面での刷新を意味した。また、コンビニという新しい店舗を手に入れることで、先に述べた店舗と住居の分離をはたすことができた。実際、わたしの両親は、酒屋からコンビニに業態を変えたときに、店舗と住宅の分離をおこなった。

　また、長時間営業にコンビニが対応していたことも重要であった。当時の零細小売商は、

図12　縮小または廃業の理由

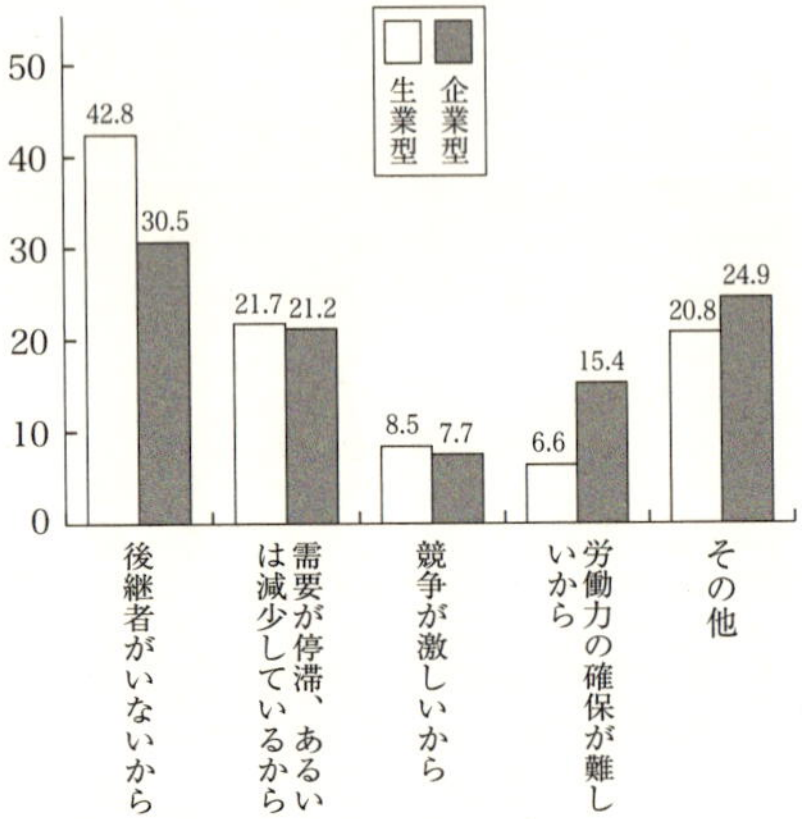

「企業型」とは、常用雇用従業者数が家族従業者数を上回る企業のことであり、「生業型」とは、家族従業者数が常用雇用従業者数を上回るか、あるいは同数の企業のことである。なお、グラフの数字は、四捨五入のため合計は必ずしも100にはならない。

出典：中小企業庁「小規模企業実態調査」1979年（中小企業庁、1980）

スーパーマーケットの長時間化に苦しんでいた。だが、一般の小売店は、家族だけで人のやりくりをしたため、長時間化にうまく対応できなかった。コンビニに業態変化することは、長時間営業の問題、および人材の確保（若者・主婦のパート労働力を容易に確保できる）という点において大きなメリットがあった。

こうして、コンビニは、大規模小売資本と零細小売商の思惑が合致して、日本全国にひろがる。

ところで、コンビニという業態は、よく知られているように、アメリカから移入されたものである。だが、その移入のプロセスのなかで、日本のコンビニはアメリカのそれとまったく異なるものへと変貌した。

一つわかりやすい例を出しておこう。ジャーナリストの堀田佳男が、全米コンビニエンスストア協会（ＮＡＣＳ）の広報部長におこなったインタビューに、アメリカの「コンビニの八割がガソリンを売ることで成り立っている」とのコメントがある。(＊110)今は日本式のコンビニが、アメリカに逆輸入されているため、以前に比べると日米の相違は縮んでいるが、以前であれば、アメリカのコンビニの多くは、郊外のロードサイドのガソリンスタンドに併設されている店だった。

それでは、なぜ、日本流のコンビニが「発明」されたのか。その理由ははっきりしている。大手小売資本が、みずからの陣営に零細小売商をとりこむために、アメリカから流入したコンビニを日本流にアレンジしたためである。

日本のコンビニの特質は四つにまとめることができる。

一つめは、コンビニの出店形態である。

アメリカのセブン‐イレブンは、本部が土地・建物を所有し、それをオーナーに貸し出すタイプの出店がメインであった。また、アメリカでは、退役軍人たちが、当初コンビニ業態に多く参入したことが知られている。(＊111)

しかし、日本のコンビニは、もともと零細小売店主だった者たちが多く参入した。そして、本部は、みずから土地・店舗を所有せず、もともと土地・建物を所有している零細小売商にコンビニ経営をまかせるという方式をとった。コンビニ本部の最大の目的は、「抵抗勢力」であった零細小売商を、自分たちの陣営に引き込むことであり、だからこそフランチャイズ契約が日本のコンビニにおいて主要な契約パターンとなった。

二つめは、日本の商業秩序にあわせた品揃えである。アメリカのコンビニは、その地域に住む人の職業、人種、所得によって、品揃えをアレンジしていた。また、コンビニの来店客の約八割が車を使っていたことも、売上の予測をたてやすい要因であった。

しかし、日本のコンビニは、もともと商店があった場所につくられたため、自転車と徒歩での客が約七割を占めていた。また、日本は、アメリカとは異なり地域と階層の関係が見えにくいため、情報機器を用いて顧客の動向をたえずチェックする必要が生じた。それが、日本のコンビニにPOSシステムが導入された一つの理由となり、ひいてはコンビニの店頭に新商品がたえまなく並べられる理由となる。(*112)

三つめは、三〇坪程度に抑えられた店舗面積である。

アメリカでは、ガソリンスタンドを併設している店が多かったこともあり、一九八七年当時の標準的なセブン‐イレブンの店舗面積は約六七坪程度であった。また、住宅地やロードサイドなど用地別にコンビニの店舗フォーマットが分かれていたことも特徴的であった。(＊113)

しかし、日本の大規模小売資本がつくりだしたコンビニの店舗フォーマットは、三〇坪程度に統一された。その理由は、三〇坪程度という面積が、既存の店舗を用いつつ、同時に多品種の商品を置くことのできる妥協点だったからだ。(＊114)

じっさい、経営コンサルタントの国友隆一は、アメリカのセブン‐イレブンでつくられたアメリカ型の基準が、日本の商店街などにあった基準に変更されたことを指摘している。

四つめは、日本の零細小売商の家族経営にあわせた、長時間営業の制度がつくられたことである。

近年まで、ほとんどのチェーンが、コンビニでのフランチャイズ契約を結ぶにあたって、夫婦での共同経営が最低要件とされてきた。コンビニ本部は、二四時間三六五日の運営を可能にするため、オーナー夫婦が基幹労働力となることを期待していた。

国友によると、一九八〇年代のセブン‐イレブンがフランチャイズ契約前におこなうチェック事項として、「夫婦仲が良い」、「上の子供は中学生くらいが望ましい」、「目安として四〇歳代くらい」が設けられていた。(*115)夫婦仲や健康面に問題があるオーナーだと、長時間営業にいきづまるのではないか、そんなコンビニ本部の判断がすけて見える。コンビニが、零細小売商の家族経営を前提にしていたことがわかるエピソードである。

以上のプロセスを通じて、日本独自のコンビニが一九七〇年代につくられ、急速に全国的にひろがる。そして、その勢いは、小売業の革新をもたらすものだと喧伝された。だが、ここであらためて確認すべきは、その「革新性」が、零細小売商の家族経営に依存していたという事実である。

一九七〇年代に形成された日本流のコンビニが社会に根づき、それが完成へと向かうのが一九八〇年代から九〇年代前半であった。

一九八〇年代から九〇年代前半は、大店法の規制が、一九八三年、九一年、九三年と、数次にわたって緩和された時期である。

また、日米構造問題協議の圧力のなかで、小売業態の規制も緩和された時期であった。一九八九(平成元)年には、通産相の諮問機関である、産業構造審議会流通部会と中小企業政策審議会流通小委員会の合同会議が、「九〇年代流通ビジョン」をまとめ、酒税法、食糧管理法、たばこ事業法などの緩和をもとめた。要するに、酒、米、たばこ、中古品、魚介類などの免許取得の緩和を求めたものだった。(*116) じっさい、このビジョンに沿うようにして、酒類販売業免許は、一九八九年に大型スーパーへの免許付与と距離制限の基準撤廃が実施された。(*117) また、米穀販売免許についても、販売経験のない業者への免許拡大が決まった。(*118) 一九九〇年代は、なだれを起こしたかのように、免許規制の緩和がおこなわれた。

こうした規制緩和を前にして、酒・米・たばこなどの販売業者たちが、コンビニに興味をもつのは当然であった。彼らとしては、規制がわずかでも残っているあいだに、長時間営業をおこなうコンビニに業態転換したかった。また、コンビニ本部も、既得権益をもった小売業者にターゲットを絞っていた。

じっさい、コンビニ最大手のセブン‐イレブンは、出店していない地域にはじめて進出するさい、まずその地域の酒販店組合に対して、出店のあいさつや事業説明会をおこなったという。こうした行動には、業界団体に話をとおしておけば、各地域でのコンビニ出店反対運動を抑えることができるという理由もあったが、やはり、規制商品を扱っている酒販店をコンビニ陣営に取り込みたいという思いがあったからであろう。たとえば、酒を扱っているコンビニは、一般商品しか置いていないコンビニに比べると、売上に大きな違いがあった（表4）。

表4　酒販の有無によるコンビニの経営比較

	酒ありコンビニ	酒なしコンビニ
店舗数(店)	15,970	30,864
平均日商(万円)	48.1	41.3
営業時間(時間)	22.0	18.8

出典:『食品商業 別冊コンビニ』1996年春夏号

規制業態の店主は、規制緩和が完全におこなわれる前にコンビニに転換したかったたし、コンビニ業界としても、規制商品を扱う店主を取り込むことで、近隣のコンビニに対する強みをもちたかったわけである。

かくして、商店街の秩序の中核を担っていたはずの酒・米穀をはじめとした規制業態は、またたくまにコンビニに転換していった。

議論の流れを整理しておこう。日本の消費空間の変化を引き起こした要因の一つは、バブル崩壊以後の地方の郊外化であった。この地方の郊外化は、財政投融資を用いた建設事業の膨張によって生じたものである。バブル崩壊後の景気対策は、地方に、建設従事者とコンビニやショッピングモールで働く非正規雇用者を増加させた。

高度成長期は、分散型の国土開発を進めることで、製造業の生産拠点を地方に行き渡らせた。しかし、プラザ合意による円高不況から、製造業の海外移転が急速に進んだ。この製造業の穴を埋めることになったのが建設業と小売・サービス業の変化だった。

そして、日本の商店街には、零細小売商の店舗面積にあわせたコンビニが跋扈《ばっこ》した。むろん、コンビニは、第２章で見た「商店街」という理念とまったく異なっていた。商店街は、専門店が一つの街区に並ぶことで、百貨店に対抗した。いわゆる「横の百貨店」である。だが、コンビニという「万屋《よろず》」が登場することによって、たばこ屋・酒屋・八百屋・米穀店などの古い専門店は、その存在意義《レーゾン・デートル》を奪われた。こうした変化が起きた理由は、消費システムの変化だけでなく、小売商の近代家族化によるものだったことは先ほど見てきたとおりである。

こうして、昭和前期に「発明」され、高度成長期に花を開いた商店街は終焉を迎えることになったのである。

（＊１０６）「もめる大型店出店」『朝日新聞』一九七六年五月一一日。
（＊１０７）紺野雄一、一九八七、「だれもが成長できる幸せな時代は終わった」『食品商業　別冊：コンビニエンス・ストアのマーチ』一六巻別冊。

（＊１０８）中小企業庁、一九七三、『昭和四八年版　中小企業白書』中小企業庁。

（＊１０９）社会学者の武岡暢によれば、新宿・歌舞伎町では一九六〇年代から商店主が店舗と住居を分離しはじめ、一九七〇年代には、歌舞伎町で商業をいとなむこと自体をやめて、ビルオーナーとして生業を立てていった。こうした商店主たちのビルオーナー化が、歌舞伎町の住民の不在をまねき、雑居ビルが乱立する「不気味な空間としての歌舞伎町」をつくりだしたことを武岡はあきらかにしている。（武岡暢、二〇〇九、「盛り場の不可視性増大過程の分析」『ソシオロゴス』三三号、ソシオロゴス編集委員会）また、長期にわたって茨城・水戸市でフィールドワークをおこなっている大山昌彦も、著者との会話のなかで、水戸市の中心街にある商店街の店主の多くがビルオーナーとなっているという事実を教示してくれた。

（＊１１０）堀田佳男、二〇〇六、「ＪＭＡマネジメントレビュー――アメリカを変える日本のコンビニ」（http://www.yoshiohotta.com/archive/jma/2006/jma0604.html）

（＊１１１）サカモト，トーマス、一九八七、「成熟期を迎え店舗多様化時代に突入」『食品商業　別冊：コンビニエンス・ストアのマーチ』一六巻別冊。

（＊１１２）新雅史、二〇〇八、「コンビニをめぐる〈個性化〉と〈均質化〉の論理――ＰＯＳシステムを手がかりに」遠藤薫編『ネットメディアと〈コミュニティ〉形成』東京電機大学出版局。

（＊１１３）サカモト，トーマス、一九八七、「成熟期を迎え店舗多様化時代に突入」『食品商業　別冊：コンビニエンス・ストアのマーチ』一六巻別冊。

（＊１１４）商業統計の数字をみると、酒小売業の一店あたりの店舗面積は一九八二（昭和五七）年で一二・七四坪と三〇坪を大きく下回っているが、酒屋の子どもの一人として証言しておくと、当時の酒屋のたいていは、在庫をかかえるために倉庫をそなえていた。店によって事情が異なるのは当然だけれど、商店街の酒屋や米穀店が三〇坪前後の店を構えることはそれほど不可能ではなかったと考えられる。

（＊115）国友隆一、一九九六、「セブン‐イレブン――「飽和説」断固否定し、二三都道府県既存ドミナント進化に突き進む」『食品商業　別冊：九六春夏コンビニ』

（＊116）ちなみにこのビジョンは、規制緩和を求める一方で、商店街の活性化を課題としてうたうという、本書の観点からすれば、矛盾に満ちた提言であった。（「流通規制、大幅緩和求める」『朝日新聞』一九八九年六月一〇日朝刊）

（＊117）「スーパーで『お酒』買える　今後5年間で順次／国税庁通達」『読売新聞』一九八九年六月一〇日朝刊。

（＊118）「おコメ販売は〝戦国時代〟　クリーニング店でも買えます／食管法改正」『読売新聞』一九八九年一月二〇日夕刊。

第5章　「両翼の安定」を超えて

——商店街の何を引き継げばよいか

5-1　近代家族と日本型政治システムに支えられた商店街

ここまで、「商店街」という理念の成立から、その崩壊にいたるまでのプロセスを描いてきた。では、なぜこうした崩壊をたどったのだろうか。その理由は大きく二つある。

一つは、商店街が、恥知らずの圧力集団になったことである。

「商店街」という理念は、小売商の中間層化という大きな目的があった。しかし、中間層化のためにあった規制は、しだいに主婦運動、生協運動、消費者運動と政治的な対立をくりかえすことで、イデオロギー的に解釈されるようになった。また、その権益を維持するために、保守政党と政治的な結託を見せた。こうしたふるまいは、商店街の存在意義を見失わせるに十分だった。その結果、商店街を維持してきた規制も、あしき圧力政治の結果である、と見なされる。とくに、その傾向が強まったのが、一九七〇年代の大店法の施行以降である。こうしたなかで一九八〇年代の自民党の包括政党化とアメリカの「横からの圧力」により、商店街に関係する規制は相次いで緩和された。

二つめの問題は専門性についてである。「商店街」という理念は、専門店を一つひとつの地域につくるという目的があった。しかし、行政官庁による免許付与は、専門性とはまったく関係なく行われた。免許付与や出店許可は、当該地域で営業していたかどうか、また地元業者が許可を出すかどうかにかかっていた。こうしたことから、外部から規制産業に入ることは実質的に不可能だった。また、小売店は家族経営が前提であったため、免許などの権益は親族のあいだで移譲された。それはあきらかに権益の私物化であったし、親族間での経営移譲は小売店のイノベーションを妨げた。こうした「閉ざされた権益」は、商店街と規制の関係を見失わせるのに十分であった。こうして既得権益の掘り崩しが一九八〇年代以降にすすんだ。こうした権益の掘り崩しがすすむなか、商店街関係者は、国からいかに資金的な援助を引き出すかということに関心をもつようになり、一部の小売商たちは、じり貧の状況から抜け出すため、コンビニ経営へ乗り出した。だが、このコンビニという業態こそ、「商店街」という理念を内部から侵食するものであったことは前章で見たとおりである。

以上の二点が日本の商店街がもっていた致命的な問題であったが、その問題が露呈した一九八〇年代に、雇用と自営の「両翼の安定」から、男性サラリーマンと専業主婦に軸足を置いた「片翼の安定」に日本社会は突き進むことになる。

一九八〇年代の欧米社会は、企業・家族・地域といった組織依存的な経済システムから、大きな転換をはかった。たとえば、社会保障システムにしても、「男性稼ぎ主」世帯中心から個人中心への転換が、模索された。それは、社会学者のウルリッヒ・ベックやアンソニー・ギデンズらの議論を援用すれば、「官僚制から個人化」への対処ということになるが、日本社会はそうした歴史的な変化を無視して政策をすすめた。その典型が、家族と企業に依存した「日本型福祉社会論」であった。

一九八〇年代以降の日本は、本来ならば個人化にそくして、家族ではなく個人を支援する政策をおこなうべきだった。だが、日本は、企業福祉・家族福祉にたよった社会保障政策を以前よりも重視するという欧米社会の基準から見れば時代錯誤の選択をおこなった。そして、こうした政策が、自営業者への規制を緩めるなかでおこなわれたことも、当時の日本の特徴だったと言える。日本の地域社会をささえていた自営業が掘り崩されるなか、人々は正社員に安定を求めるようになった。だが、アルバイト・派遣社員といった非正規雇用が増加し、正社員安定した生活を送ることのできないそれらの人々の不満は増幅するばかりである。

5-2　規制と給付のバランスをめぐって

では、この状態をいかにして乗り越えることができるのか。

わたしは、福祉国家に対する見方を変化させて、規制の重要性を今一度思いおこすことが重要であると思っている。

ここで参考にしたいのが、社会学者の武川正吾が提出した「規制国家」と「給付国家」という二つの概念である。

武川によると、多くの福祉国家研究が、社会手当や社会保障の給付規模やその機能や効果を議論するものだった。だが、社会政策の源流は、イギリスの工場法（世界初の工場労働者保護法）にあるし、現代でも、規制を考えずに、広い意味での社会保障を考えることはできないはずである。こうした視点から、武川は、福祉国家を「規制国家」と「給付国家」の二つの側面からとらえなおすことを提言した。(＊119)

以上の武川の指摘は、商店街の議論を考えるうえで、きわめて示唆に富むものである。

第2章で述べたように、「商店街」の形成は、もともとは社会政策の一つだった。当時、「商店街」という理念でめざしたのは、自営業層の安定によって都市の貧困化を止め、それが安定した消費空間と地域社会の生成につながり、最終的には、社会経済上の平等化を実現することだった。

図13　福祉国家の４つの類型

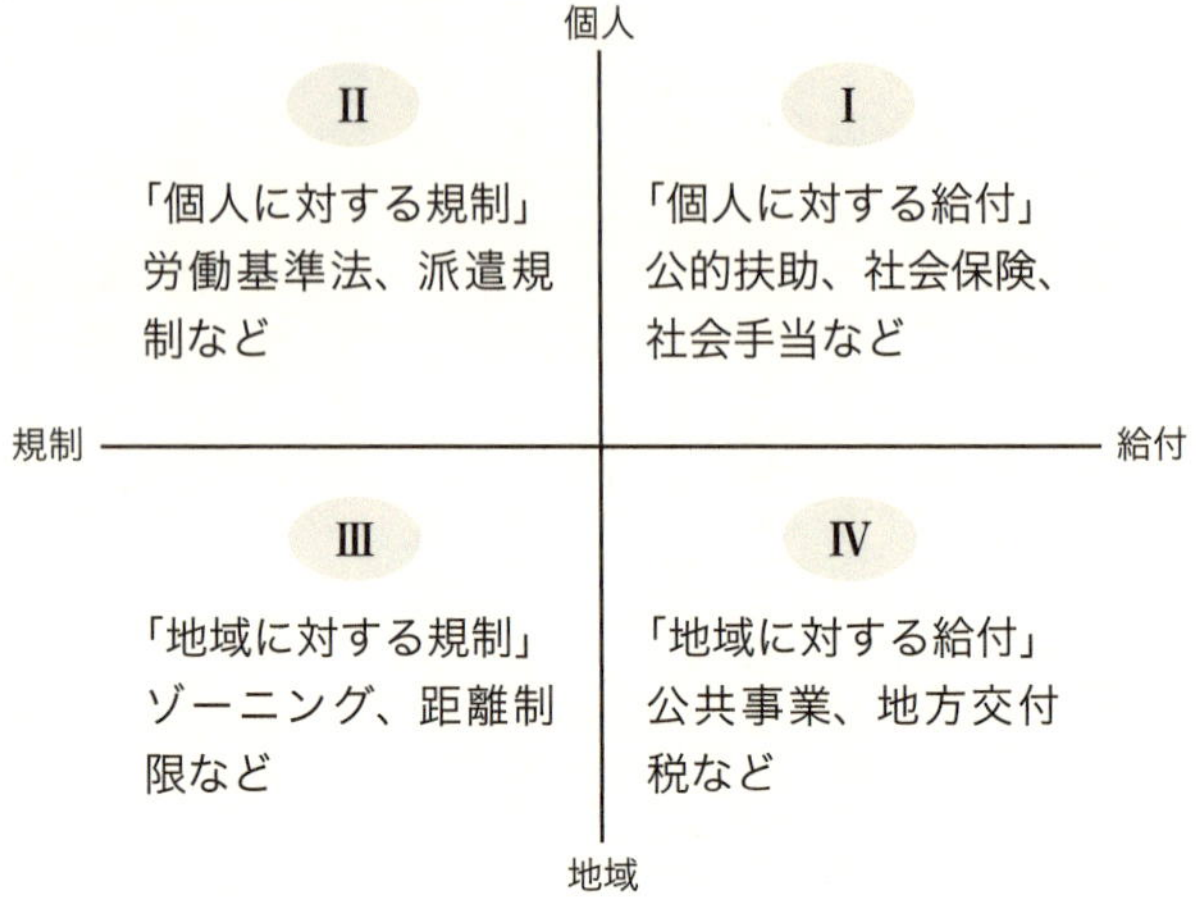

だが、商店街をつくりあげてきた小売規制の妥当性は、一般市民には理解しづらくなった。そこには、商店街が厚顔無恥な圧力団体と化してしまったことなどの理由があるが、規制が社会政策につながるという見方がひろがらなかったことも、その理由の一つであるように思う。

わたしは、「商店街」という理念を再評価し、今後の地域社会のあり方を構想するために、武川の「規制国家」と「給付国家」の二分類に、「個人」と「地域」という軸を組み合わせて、四つの類型をたててみたい（図13）。

Ｉの類型は、いまや福祉国家のメインとみなされるようになった「個人に対する給付」

である。文字通り、国家が個人に対して給付をおこなう政策であり、具体的には、生活保護、年金などの社会保険、児童扶養手当などの社会福祉があてはまる。

Ⅱの類型は、初期の福祉国家で導入されることになった「個人に対する規制」である。これは、労働政策に多く見られる福祉国家政策である。たとえば、法定労働時間などを定めた労働基準法、最低賃金法などがあてはまるだろう。

Ⅲの類型は、自律した地域コミュニティをつくりあげるための「地域に対する規制」である。具体的には、乱開発を防ぐために、土地利用規制（ゾーニング）をおこなう、あるいは、地域の商業を守るために距離制限を設けることなどが当てはまる。

Ⅳの類型は、完全雇用実現のためにおこなわれる「地域に対する給付」である。ケインズは、不況下の経済を再生させるためには、完全雇用の実現と有効需要の創出が必要だとした。日本では、以上の目的のために、公共事業や地方自治体への交付金が実施された。これは地域に対する給付といえるだろう。

第３章の議論をこの四象限図式を用いて整理してみよう。

一九八〇年代以降の日本は、Ⅱの「個人に対する規制」とⅢの「地域に対する規制」を削り落とす一方、ⅠとⅣの給付をふくらませてきた。ただ、Ⅰの「個人に対する給付」は、サラリーマンと専業主婦層に対する手当が中心だったため、正確な意味では、戦後家族体制を中心とした給付とした方が適切だろう。また、八〇年代以降は、Ⅳの「地域に対する給付」もふくれあがった。地方経済が疲弊するなか、それを手当てする施策として、地方の公共事業が財政投融資を用いて陸続と実施されたことは、前章で明らかにしたとおりである。

その一方で、一九八〇年代に削り落とされたのが、ⅡとⅢの規制の部分である。Ⅱの労働法制は、正規雇用に対する社会保障を維持したまま、労働者派遣を解禁したため、非正規雇用が大幅に増加してしまった。だがそれ以上に掘り崩されたのが、Ⅲの「地域に対する規制」である。その典型が、「商店街」という理念の否定であった。[*120] また、一九九〇年代に入ってからも、ゾーニングの緩和が実施されたことで、ショッピングモールが地方の郊外に増加した。

まとめるならば、一九八〇年代以降の日本は、個人と地域に対する規制を緩和する一方、個人（正確にはサラリーマンと専業主婦による家族）と地方に対して、国からの紐付きのカネで生活補填したわけである。

そして、二一世紀にはいって議論となっているのが、ⅠとⅣの給付の削減である。

小泉純一郎政権は、郵政民営化など、規制撤廃を進める一方で、「骨太の方針」で財政支出の削減と社会保障制度の見直しをかかげ、それにあわせて年金改革と医療制度の改革がおこなわれた。それは、先ほどの四象限図式に照らすならば、Ⅰ〜Ⅳのすべてを削りおとすというものであった。その点で小泉政権はきわめてわかりやすい新自由主義《ネオリベラリズム》の政策であった。

一方、民主党政権は、それに対してⅠとⅣの給付を強めた。だが、民主党政権は、「子ども手当」など個人に対する給付によって人々の暮らしを支えようとするが、この数年の国家予算は、国債が税収を大幅に上回る事態となるなど、給付の財源がまったくもって確保できていない状況である。

また、本書の執筆中には、国民新党の自見庄三郎が金融・郵政改革担当大臣となり、郵政民営化の見直しやゆうちょ銀行の預入限度額のひきあげを画策している状況である。

前章の議論から推測されるように、ゆうちょでかき集められた資金は、中央で一括管理されたうえで、おそらく赤字国債の購入か、財政投融資という迂回をへて、公共事業にその資金が投じられるだろう。そこにあるのは、政府が人々の資金を集めて、国民の代わりに、投資先を決めるというパターナリズム（父権的温情主義）の考えである。こうした、人々の不安につけこんだ郵政民営化の見直しは、地域社会の自立・自律をかえって掘り崩すことになるのではないか。

民主党政権の政策は、四象限の図式でいえば、Ⅰの「個人に対する給付」で安定を図ろうとしている。ただ、郵政民営化の見直しがすすめば、Ⅳの「地域に対する給付」がふくれる危険性もある。こうした給付は、人々の生活保障のために必要不可欠だが、あまりにもそれに頼りすぎてしまうと、国家財政の破綻を導きかねない。また、個人に対する給付だけでは、現在大きな問題となっている、他人への信頼感や人々の共同意識の希薄化に対処できない。

ではどうすればよいのか。わたしは、給付と規制のミックスを考えたい。具体的に言えば、四象限図式のⅠ〜Ⅳをバランスよく配分して社会政策をおこなうことだ。本書の執筆には、規制と給付のあるべき政策の組み合わせを検討するという目的があった。とくに、一九八〇年代に削り落とされたままであるⅢの「地域に対する規制」を見直すことが必要であると考える。

Ⅲの「地域に対する規制」を取り入れたい理由は大きく分けて二つである。

一つめは、第1章で論じた内容と重なるが、人々の生きる術《すべ》を増やすということがある。わたしが大学生と接していて思うのは、今の若者たちは新卒採用という選択にしか目がいかず、ほかにどのような選択があるのかわからない状態に陥っているということだ。今の若者たちも、自営業などの道があることは知っているだろうが、どこか遠い世界のことと感じているように思われる。だからこそ「地域に対する規制」を設けることで、地域に貢献できる事業者を増やすことには大きな意味があると考える。

二つめに、地域社会の自律性を規制をつうじて取り戻したいという思いがある。

一九八〇年代以降の地域に対する規制の緩和と給付の増加は、地域の自律性を奪い取った。地域活性化という名の予算は、特定の業界や地域への金銭の垂れ流しに他ならなかった。おそらく、規制というだけで、脊髄反射的に拒否反応を示す者がいるが、これまでの規制が既得権者の延命につながったからといって、それを拒否するのはいささか視野が狭い。社会学者の盛山和夫が言うように、一部の経済学者が主張するような、規制緩和が経済成長をもたらすという議論は、マクロレベルで実証された例《ため》しがない。（＊121）

だからこそ、わたしたちがすべきは、規制を悪者扱いするのではなく、既得権者の延命につながらない規制が何であるか、地域社会の自律につながる規制が何であるかを、考察することであろう。

（＊119）武川正吾、二〇〇七、『連帯と承認――グローバル化と個人化のなかの福祉国家』東京大学出版会、序章。

（＊120）ただ、先ほどから議論しているように、日本の小売規制は、地域をささえるというよりも、家族をささえる規制になってしまったところに問題があった。だから、戦後の小売規制を、「地域に対する規制」と表現してしまうと、実態とずれが出てしまうのだが、ここでは議論の見通しをよくするため、あえてこのようにまとめておいた。

（＊121）盛山和夫、二〇一一、『経済成長は不可能なのか――少子化と財政難を克服する条件』中公新書。

＊新しい「商店街」理念とは

では、どのような規制がよいのだろうか。

ここでは、地域に対する規制を商店街にしぼって議論しておく。まず規制のありかたが問われる。これまでの規制は、業界団体および行政官庁の裁量によって、距離制限や免許交付が実施されてきた。距離制限に関しては国レベルで普遍的に設定した方がよいだろうが、免許交付などの権限は地方自治体レベルにできるだけ下ろした方がよいだろう。規制は、業界の保護のために存在するのではない。地域で暮らす人々の生活をささえ、かつ地域社会のつながりを保証するために存在する。これまでの規制は、業界や一部経営者を利するだけになっていたため、その正当性がなくなってしまった。まずはこの点を変化させなくてはならない。

また、どのような事業主体に独占営業権をあたえるかという点についても、見直しが必要である。

これまでの営業免許は、以前からその土地で営業した者に対して、その権限をあたえていた。また、その免許は、なかば相続のように血縁関係で引き継がれていた。こうなってしまうと、規制は、ある種の身分制度の維持のために存在することになる。

こうした家族経営を前提とした規制は、流動性を著しく低くしてしまった。要するに、規制の存在のために、商店街に外部者が入り込むことのできない状態がもたらされたわけである。商店街が凋落した今でもその名残がある。わたしの父親もそうだが、たいへん経営が苦しくなっても、小売業者は自分の子ども以外に店を譲ろうとしない。老経営者は売上が下がろうが延々と店を続けるが、将来性のなさを間近で見た子どもが跡を引き継ぐことはない。こうして、そのままシャッター店舗になってしまうのだ。

以上の問題を回避するためのアイデアとして、地域の協同組合や社会的企業に営業権を与える仕組みがあるとよいだろう。

これまでの生活協同組合は、零細小売商との対立を各地でひきおこすなど、イデオロギー的な問題を抱え込んでいた。しかし、商店街の凋落にあわせて、主婦に頼った生協運動も方向性を見失っている状況である。たとえば、地域の協同組合に対して小売免許をあたえることで、持続可能性のある地域商業を構想したい。

また、新しい商店街は、地域社会が土地を管理する仕組みを考えてもよいだろう。すでにいくつかの地域でおこなわれているが、「まちづくり会社」が空き店舗を管理し、それを意欲ある若者に貸し出すという方式も有効である。この仕組みをもう少しひろげて、地域住民が土地や店舗を管理し、営業者を住民から募集することがあってもよい。この方式であれば、一部の商業者が権益をかかえこむことにはならない。

こうした提案をおこなうのは、居場所や出番が失われがちの若者に、事業をおこなう機会をつくりだしたいからである。

わたしの父親は一九四一（昭和一六）年生まれで、九州の地方都市でコンビニを経営しているが、毎月のように銀行から営業の電話がかかってくるそうだ。なぜ銀行はわたしの父親のような高齢者に営業活動をおこなうのか。それは、わたしの親がわずかながら土地をもっており、それを担保に事業をおこなっているからだ。将来性あるなしに関係なく、土地を所有しているかどうかで融資が決まることを物語るエピソードである。日本政府は、不景気のたびにマネーサプライを増加させているが、そうした資金は、将来性のとぼしい、あるいは事業意欲のない一部の中小企業に回っている可能性がある。

今の日本は、若者たちにマネーが向かわずに、行き所を失ったマネーが投機の方向に流れている。若者にマネーが回らない理由は、彼らが土地所有者でなく、事業をおこなっていないからである。こうした状況のなかで、若者への資金提供は、消費者金融やクレジット会社による消費向けの高金利融資であるか、住宅向けの融資などに限られている。

こうしたドロ沼の状況から抜け出すためにも、地域単位で協同組合が商店街の土地を所有し、意欲ある若者に土地を貸し出すとともに、金融面でもバックアップするという仕組みがつくられるべきだろう。じつのところ、このような考えでもって農業の近代化を図ろうとしたのが若き日の柳田国男であった。

人によっては、商店街がなくても、「楽天市場」のようなインターネット空間やコンビニで買い物をすれば、それで済むではないかと思っている人もいるだろう。

こうした批判には次のように答えておこう。地域社会の消費空間は、けっして経済的合理性だけで判断されるべきではない。たとえば、二〇一一（平成二三）年三月一一日に起きた東日本大震災でも、モノ不足を加速させたのは、あまりにも大規模化しすぎた消費システムであった。ショッピングモールなどの大規模消費システムや「楽天市場」のようなバーチャルな空間だけでは、地域社会の生活をささえることはできない。

また、ここまで日本にひろがったコンビニの評価もむずかしいところだ。たしかにその利便性を過小評価すべきではないと思うが、一方でそれが多くの事業者を死にいたらしめる商業フォーマットであることには十二分に注意したい。コンビニを完全に否定する必要はないが、その存在を一定程度コントロールすることはあってもよいと思っている。

あらためて確認すると、「商店街」という理念は、それぞれの店が専門店をめざすことで、共存共栄を図るものだった。社会学者の泰斗であるエミール・デュルケムは、『社会分業論』のなかで、社会分業が生じた理由を、「生存競争の平和的解決」と述べている。一部の商業者だけが勝利しても、地域全体の幸福につながらないことは明白である。くりかえすが、商店街の存在理由は「生存競争の平和的解決」にあることをあらためてかみしめたい。

近年、ケアという単語が急速に知られるようになった。ケアという言葉は、人に対する世話やメンテナンスを指す言葉である。ケアが必要なのは、けっして個人だけではない。わたしたちは、自分が暮らし、そして子孫が暮らしていく地域全体をみなでケアせねばならない。地域を支える仕組みを考えていかなければ、そこで生きる個人をささえることはとうてい不可能だからだ。そのためにも、わたしたちは、地域をケアするためにどのようなコントロールが必要なのか、その点についてみんなで議論する時期に来ているように思う。「商店街」の是非はそれを考えるに格好な題材であるだろう。

あとがき

わたしは北九州市の酒屋の長男として生まれた。その酒屋があった町は、製造業の町・北九州らしく、下請け・孫請け企業の工員たちが多く住んでおり、暴力沙汰もいとわない、血気盛んな男たちに囲まれていた。

両親が経営する酒屋は、すぐそばにあるスーパー、たばこ屋などと並んで町に欠かせない存在だった。町で冠婚葬祭があれば、両親の店にかならず連絡がはいって、酒を配達したものだった。

また、両親の店では「角打ち」をおこなっていた。当時、たいていの福岡の酒屋は、レジカウンターで立ち飲みができる「角打ち」をおこなっていた。両親は、安い酒を求めて「角打ち」に来る町内の男たちを日々相手にしていた。

両親が経営する酒屋は地域に根づいていた。それは、本書で言うところの「商店街」という理念を体現していたように思う。

しかし、わたしは、両親の酒屋を疎《うと》んじた。いつも家のなかがうるさかったし、一家団欒《だんらん》の食事をまともに取ることもできなかった。学校から帰ってきて家にあがろうとすると、「角打ち」で酔っ払ったお客さんに、たばこの火種を腕に当てられたこともあった。わたしの家がいつも酔っ払いに囲まれていることを許せなかった。

それに我が家が、友だちの家と比べて、古く、汚く、狭かったことに、とても恥ずかしい思いをしていた。酒屋はビールや日本酒を在庫として保管しておく必要がある。だから、我が家は、倉庫よりも住居部分の方が狭く、一家五人に対して二部屋のスペースしかなかった。わたしは父親と一緒の布団で寝ていた。一部屋の寝室で家族全員分の布団を敷くことは無理だったのだ。そんな我が家に友だちを呼ぶことをためらったのは一度や二度ではなかった。

当時の状況をふりかえれば、住居だけが問題だった。それ以外の面では何不自由なく育ててもらった。両親は、兄弟三人に、深い愛情を注ぎ込んだ。わたしたち兄弟は、十二分に衣食が与えられ、わたしは大学院まで進むことができた。

しかし、親不孝なことに、わたしは、酒屋をよい職業だと思うことができなかった。両親がいつも家にいることも嫌だったし、父親が、サントリーやキリンのTシャツと、日本酒メーカーの前掛けをかけて、働いていることも嫌だった。

わたしはサラリーマンと主婦の家庭にあこがれていた。スーツを着た父親とそれを待つ母親――それが当たり前の家庭だと思っていた。そこには、リビングルームと自分だけの子ども部屋があって、楽しい平穏な生活が待っているはずだ。小さい時分からそうした家庭こそが理想的なのだと、勝手に想像していた。

わたしは一刻も早くこの町から出て行きたかった。両親はわたしの心中をくみとっていたのか、酒屋を継いでくれと一度も言わなかった。両親もわたしも、近代家族の規範と事業継承のあいだで切り裂かれていた。

九州から上京して一五年以上経つ。わたしは三〇代の後半にさしかかった。そして、両親も年老いてしまった。

わたしが育った、あの古びた酒屋は跡形もなくなった。近隣の店は次々とつぶれ、両親たちも、一五年ほど前に酒屋を廃業した。両親は、わたしが生まれ育った場所を転居して、コンビニに転業した。

六〇歳をこえた両親は、アルバイトを二〇人ほど雇いつつ、二四時間体制で働き詰めである。両親は自営業であるため、わずか月六万円程度の国民年金しか支給されない。あのころと変わったことといえば、両親が、サントリーやキリンの古びたTシャツを着なくなったことだ。両親の店舗と服装は新しくなった。それだけ考えれば、中学校のころのわたしの願いはかなったが、還暦をとうに過ぎた現在も、コンビニの店頭とバックヤードをかけずり回って、深夜まで働く姿を見るとせつなくなる。

わたしの両親は、コンビニを経営できているだけ、恵まれているのだと思う。酒屋を廃業してそのまま行方が知れなくなった者、あるいはコンビニなどの新しい事業に手を出して自殺してしまった者は、わたしの地元だけでも何人もいる。

一方のわたしはと言えば、現在、大学の非常勤職で何とか糊口をしのいでいるものの、両親のように子どもを三人抱えるどころか、いまだに結婚もできていない。そこには、経済的な理由もあるが、わたし自身を含めて、社会全体の先行きが見えないという理由がある。社会学を一〇年以上学んでいるわたしでさえ、将来どのような社会になるのかをまるで想像できないのだから、若者たちが、結婚や子育てを現実的な選択肢と考えることができないのも致し方がない。

最近、両親のことを思いかえすことが増えた。

わたしは、子どものころに両親の生き方をよく否定していた。そして、日本社会のスタンダードな生き方は、サラリーマンの男性と専業主婦の女性だと思っていた。

そして、現実の社会は、わたしの想いと同じ方向に進んでいった。両親のような「地方で商売をする」という生き方がなくなった日本には、安定した自営業がほとんど存在しなくなった。その結果、わたしの出身地——いや日本全体に、不安定な生き方を余儀なくされた者が残されてしまった。では、正社員にたどり着いている者が幸せなのか。正社員を基軸にして社会を形成してしまった結果、今の日本に住んでいるだれもが、将来の日本社会をどのようにポジティブに描いていけばよいのか、途方に暮れているのが現状である。

ここで長くなるが一つの引用をしておこう。


栗橋浩美の父親は小さな薬局を営んでいた。母親も手伝って、夫婦ふたりでこぢんまりと営業していた。父親が親から譲り受けた家業だった。

親の代からの商売だから、薬局というより、「町の薬屋さん」と呼んだ方が正確な、優しい店だった。年寄りがひとり、杖をついて腰痛に効く湿布薬を買いにきたり、道路工事の人たちがドリンク剤を店先で立ち飲みしたり、夜十一時をまわってから近所のアパートの住人がシャッターを叩き、急に発熱した子供のために氷枕を買いにきたりするような、気軽な店だった。

栗橋浩美が中学校にあがるまでは、一家の住まいである木造二階建て家屋の一部が店舗になっており、その家は優に築三十年を超えていた。全体に古くて、あちこちに傷みがきていた。栗橋浩美は父方の祖父母の顔は知らないが、家のなかには、彼らが生前使っていたさまざまな道具や、彼らの衣類や日用品を詰めた箱がたくさん残されていた。それらは物置をふさぎ、押入をふさぎ、棚の上を占領していた。だから栗橋浩美がいくら片づけても、部屋のなかはちっともきれいにならなかった。

彼は何度か、棚の上や押入のなかから古いがらくたを引っぱり出しては捨てようと試み、そのたびに父親や母親からこっぴどく叱られた。それでも負けずに何度もやった。とりわけ、ピースが両親と暮らしている小ぎれいなマンションに遊びに行ってきたあとなどは、どこを見回しても古くて雑然としていて、黄ばんだ紙や布や段ボール箱に占領されている自分の家がたまらなくけがらわしく思えてならず、思い切って火をつけて全部燃やしてしまいたいとさえ思うのだった。

どうしてうちはピースの家みたいにならないんだろう？　どうしてソファが無いんだろう？　どうして花瓶に花が活けてないんだろう？　どうして壁に絵がかけてないんだろう？　どうしてあんなふうに、製薬会社が持ってきた社名入りの野暮ったいカレンダーをそこらじゅうに貼るんだろう？　どうして座敷の隅に段ボール箱を重ねて放っておくのだろう？　どうして始終布団を敷きっぱなしにしてるんだろう？　どうしてトイレが洋式じゃないんだろう？

どうしてうちの父親は一流の会社員じゃないんだろう？（＊122）

宮部みゆきの『模倣犯』の一節である。

これを読んだときわたしは息が苦しくなった。幼かったころに引き戻されたようでつらかった。

だけど、わたしが東京に出てきて学問をやっているのは、栗橋浩美と同じ「なぜ」を感じてしまった自責の念をいまだ解消できないからであり、また、両親に対する複雑な想いを自分なりに決着をつけたかったからなのだと、本書を書き終えた今になって思う。

わたしたちは「中流」のイメージから何を抜け落としたのか。そして、「中流」のイメージの偏りが、いったい何に帰結してしまったのか。それを明らかにするのが本書の目的であった。

企業社会が生み出したサラリーマンと主婦たちの郊外的ライフスタイルの影響力はきわめて強かった。しかし、それだけが、日本社会の「中流」ではない。にもかかわらず、わたしたちはその影響力にいまだにひきずられている。戦後日本社会の「中流」のアナザーサイドを見つめ直して、そのプラスの面とマイナスの面を見極めて、わたしたちの社会の将来展望へとつなげたかった。第5章での試みは十分ではないけれど、商店街をつうじて安定のありようを提言することは可能であると思っている。わたしは、その可能性を求めて、東日本大震災のダメージを受けた岩手県・大槌町や釜石市で、仮設商店街の調査をおこなっている。

読者が、わたしの執筆動機を知ることに、どれだけの意味を感じるかはわからない。それでも、わたしの執筆動機を知ることによって、拙著に対する興味を深める方がわずかでもいるかもしれない。そう思って少々冗長なあとがきを書いた。

（＊122）宮部みゆき、二〇〇一→二〇〇五、『模倣犯　2』新潮文庫、八—九頁。

あとがき

本書が書き終わるまでに、さまざまな方のご助力をいただいた。

東京大学名誉教授の上野千鶴子先生、学習院大学の遠藤薫先生のお二人からは長年にわたって指導を受けてきた。自分にとって本質的な問題を我慢強く論じることの大切さを二人から学んだように思う。また、高原基彰氏からは、構想段階のつたない原稿の段階から幾度となく貴重なアドバイスを頂戴した。あわせて阿部真大、米澤旦、尾玉剛士、角能、齋藤圭介、佐藤雅浩、中澤篤史、西田亮介、大山昌彦、氏川雅典、福井康貴、澤井和彦、東原文郎の各諸氏からも貴重なコメントをいただいた。

東日本大震災は、大変悲しい出来事であったが、その復興のプロセスのなかで商店街の可能性を再確認することができた。最初に被災地に入ったのは宮城県石巻市であったが、その時から長らくお世話になっているのが阿部紀代子さんである。

最大の感謝を申し上げげないといけないのが光文社の三宅貴久氏である。何度も原稿提出を延ばしてしまったが、辛抱強く待ってくださり、本書の構成と内容に関して貴重なアドバイスをくださった。むろん残された誤りはすべて筆者の責である。

二〇一二年四月

新雅史

新雅史（あらたまさふみ）

1973年福岡生まれ。学習院大学非常勤講師。東京大学人文社会系研究科博士課程（社会学）単位取得退学。主著に「両大戦間期における商店街理念の生成」『ソシオロゴス』（35号）、「コンビニをめぐる〈個性化〉と〈均質化〉の論理」『ネットメディアと〈コミュニティ〉形成』（東京電機大学出版局）、「災害ボランティア活動の『成熟』とは何か」『大震災後の社会学』（遠藤薫編著、講談社現代新書）。本書が初の単著となる。

商店街《しょうてんがい》はなぜ滅《ほろ》びるのか　社会《しゃかい》・政治《せいじ》・経済史《けいざいし》から探《さぐ》る再生《さいせい》の道《みち》

2012年5月20日初版1刷発行
2012年7月20日　　5刷発行

著　者 ── 新雅史
発行者 ── 丸山弘順
装　幀 ── アラン・チャン
印刷所 ── 堀内印刷
製本所 ── 榎本製本
発行所 ── 株式会社光文社
東京都文京区音羽1-16-6（〒112-8011）
http://www.kobunsha.com/
電　話 ── 編集部03（5395）8289　書籍販売部03（5395）8113
業務部03（5395）8125
メール ── sinsyo@kobunsha.com

ISBN 978-4-334-03685-0

580
戦略人事のビジョン
制度で縛るな、ストーリーを語れ
八木洋介　金井壽宏
人事の最も大切な役割とは？　NKKやGEで人事部門を歩んできた「人事のプロ」と組織行動研究の第一人者が、いま、会社が「勝つ」ために必要な考え方を綴った、稀有な一冊。
978-4-334-03683-6

581
インクジェット時代がきた！
液晶テレビも骨も作れる驚異の技術
山口修一　山路達也
日本のものづくりを救う鍵は「インクジェット」。年賀状から、食べられるお菓子、DNAチップ、はては人工臓器まで「印刷」しうるこの技術が、ライフスタイルを大きく変える！
978-4-334-03684-3

582
商店街はなぜ滅びるのか
社会・政治・経済史から探る再生の道
新雅史
極めて近代的な存在である商店街は、どういう理由で発明され、繁栄し、そして衰退したのか？　再生の道筋は？　気鋭の社会学者が膨大な資料で解き明かす。上野千鶴子氏推薦！
978-4-334-03685-0

583
東京スカイツリー論
中川大地
なぜ建てられたのか？　開業までにどんな過程があったのか？　建築史や都市論の観点から見た意義は？　21世紀を代表するランドマークに様々な角度から迫る！
978-4-334-03686-7

584
鉄道会社はややこしい
所澤秀樹
たとえば直通運転では、鉄道会社どうしは車両や線路、駅を貸し借りし、それらの使用料を清算している。その仕組みは複雑怪奇だが、読むと楽しい、電車に乗ってみたくなる一冊。
978-4-334-03687-4